De kracht van intuïtie

Van dezelfde auteur:

Boodschappen van gene zijde (2009)
De glimlach van de ziel (2010)

De kracht van intuïtie

Naomi Apachi

ADVIESGEVEND MEDIUM

Naomi Apachi

Standaard Uitgeverij nv, Mechelsesteenweg 203, B-2018 Antwerpen
www.standaarduitgeverij.be
info@standaarduitgeverij.be

Omslagontwerp: Hanna Maes
Vormgeving binnenwerk: Crius Group

Eerste druk augustus 2011

ISBN 978 90 02 24018 8
D/2011/0034/588
NUR 720

Inhoud

Woord vooraf

Iedereen maakt in zijn leven weleens dingen mee waar men niet onmiddellijk een verklaring voor kan geven. Door bepaalde situaties meegemaakt te hebben, leert men sneller stilstaan bij de essentie van het leven. Op zulke momenten tracht men dan ook te achterhalen waar die ingevingen, beelden en/of signalen enzovoort vandaan komen, wat ze ons kunnen vertellen en te bieden hebben. Daardoor leert men véél meer waardering krijgen voor het werkelijke leven waar iedereen zuurstof uit haalt, maar niet beseft dat die zuurstof ook iedere seconde uit je leven wegneemt. Jij kunt ervoor zorgen dat die zuurstof waardevoller wordt en je leven op een krachtige manier kan doen verlengen. Een *boost* die je kunt ontwikkelen maar tevens kunt ervaren vanuit de hogere sferen, gene zijde, het hiernamaals...

In dit boek *De kracht van intuïtie* leer je de wonderbaarlijke wereld van het voorgevoel te ontdekken. Je leert stilstaan bij voorgevoelens en ernaar luisteren, zodat je zult beseffen dat toeval niet bestaat maar dat bijvoorbeeld die ingevingen ergens vandaan komen en niet plots zomaar uit het niets opduiken. Zowel positieve als negatieve situaties kunnen je helpen het maximum uit je leven te halen omdat je kunt leren handelen naar die voorgevoelens, zodat je leven véél meer waarde (inhoud) zal krijgen. Besef dat achter iedere donkere wolk, vroeg of laat, de zon opnieuw zal schijnen.

Het is als een ontdekkingsreis die je ogen zal openen, waardoor je de kracht leert ontdekken die schuilt achter die intuïtie van zowel mens als dier. Verschillende oefeningen zullen je leren genieten van *the power behind the scenes*. De waarheid die schuilt achter die kracht, de intentie van ingevingen én nog zoveel meer...

Wat je ook hebt meegemaakt: laat je hoofd niet hangen, voor niemand én door niemand! Laat mij jou de weg wijzen naar de ontmoeting met je innerlijke ik, de kern van je intuïtie en het gevoel dat je kunt ervaren dat je er nooit alleen voor staat. Je zult er krachtiger uit komen door het besef dat je verantwoordelijk bent voor je eigen kracht en hoe je die wenst te gebruiken. Je zult beslissingen nemen waardoor je jezelf bevrijd zult voelen, waardoor er tranen kunnen vloeien van diep innerlijk geluk. Het leven biedt je véél meer dan de dagelijkse sleur als je leert luisteren naar je innerlijke stem... *de stem van je oergids (je beschermengel)*!

De kracht van intuïtie, een metamorfose die je kunt ondergaan!

Véél leesplezier en kom jezelf tegen,
Naomi

Over de auteur

Als adviesgevend medium (schakel tussen hemel en aarde) ben ik niet anders gewoon dan steeds mensen en dieren te helpen, want dat is namelijk mijn taak op deze wereld, het is mijn roeping waar ik honderd procent voor leef! Als professioneel en zelfstandig medium ben ik mijn hele leven al actief in de wereld van de spiritualiteit in de breedste zin van het woord. Mensen komen niet alleen op consultatie als ze het moeilijk hebben, ze komen ook om te weten te komen hoe hun aandelen zullen evolueren, of hun huis snel verkocht zal geraken, om dingen op voorhand te weten te komen zodat ze hun situatie tijdig goed kunnen inschatten en zelfs om hulp in te roepen bij de selectie van personeel. Er zijn er ook die komen voor persoonlijke begeleiding zodat ze de leidraad doorheen hun levensweg kunnen terugvinden, want tenslotte is alleen maar alleen. Het is altijd aangenaam als iemand je steunt doorheen het proces waar je in zit. Om welke reden iemand ook komt, als medium moet je trachten iedereen op een of andere manier te helpen in het besef dat je nooit voor iedereen even goed kunt doen en dat je soms ook mensen moet loslaten. Niemand is perfect, ik ben namelijk ook maar een mens van vlees en bloed met de spirituele gave van het zien, voelen, horen, proeven en ruiken die mijn leven niet altijd even gemakkelijk heeft gemaakt. Toch zou ik mijn spirituele zintuigen voor geen geld willen missen, want ik weet écht niet hoe het leven als niet-medium is! Ik ben ervan overtuigd dat als je iets hebt gekregen van Moeder Natuur, dat niet gebeurt zonder reden! Ik zie het als een gift (een geschenk), maar niet zomaar eentje, want het is namelijk mijn uitgestippelde levensweg die ik door de jaren heen met vallen en opstaan beter en beter heb leren aanvoelen. Het leven als medium is moeilijk omdat je vaak bepaalde dingen op voorhand ziet, waardoor je al anders gaat reageren zonder dat de tegenpartij zich van enig kwaad bewust is. Je moet dus oppassen dat je niet gaat veroordelen alvorens het verdict is gevallen. Phoenix (mijn oergids, een Apache-indiaan), *die op de cover afgebeeld staat,* heeft mij hierin door de jaren heen véél sterker én vooral ook bewuster gemaakt, zonder hem zou mijn mediumschap minder waard zijn!

De spirituele gaven van het mediumschap heb ik geërfd van mijn overgrootmoeder Maria (de moeder van mijn grootmoeder, 'moeke', van mama's zijde). Als kind heb ik haar enkele keren mogen waarnemen, maar ik kende haar niet. Op latere leeftijd werd het me pas duidelijk dat zij mijn overleden overgrootmoeder was die ik nooit kon hebben gekend omdat ze lange tijd voor mijn geboorte overleden was. Mijn mama had ooit enkele verhalen verteld over dat zij door veel mensen werd uitgesloten omdat ze dingen wist over anderen die ze normaal gesproken niet kon weten en daar soms uitspraken over deed, waardoor ze al snel als 'heks' bestempeld werd. Mensen waren ook werkelijk bang van haar. Nochtans vroegen ze haar om raad als ze in de put zaten, maar eenmaal ze hun evenwicht hadden teruggevonden vergaten ze al snel wie hen had geholpen en was ze opnieuw de 'heks' van de straat. Mijn overgrootmoeder Maria moet zich vaak eenzaam hebben gevoeld door de ondankbaarheid en de verwijten die ze kreeg. Ze kreeg de vaste stempel van 'heks' zoals een varken dat gebrandmerkt wordt met een stempel op zijn kont. Gelukkig zijn de *jaren stillekes* voorbij en wordt spiritualiteit al iets serieuzer genomen. Tóch blijft het oppassen geblazen voor charlatans die bij bosjes opduiken en die denken de gave van het zien, voelen, horen, proeven en ruiken te kunnen aanleren.

Mijn *overgrootmoeder* Maria (*bestempeld als 'heks'*).

Laat je dus nooit wijsmaken dat je een spirituele gave kunt aanleren, je moet er namelijk mee geboren zijn. Het is wel mogelijk dat een spirituele gave zich pas op latere leeftijd echt ontwikkelt doordat je bijvoorbeeld iets dramatisch hebt meegemaakt waardoor je innerlijk zo door elkaar geschud werd dat het plotseling lijkt alsof je ineens een of meerdere gaven hebt gekregen, maar niets is dus minder waar!

Als medium en als mens heb ik mijn innerlijke groei tot succes vooral ook te danken aan de drie allerbelangrijkste personen in mijn leven. Van deze mensen heb ik altijd heel veel steun gehad. Ongeacht in welke situatie ik zat of wanneer ook, ze hebben me nooit de rug toegekeerd. Ten eerste is er mijn mama ('make'), die altijd mijn allerbeste vriendin is geweest en op wie ik nog steeds onvoorwaardelijk kan rekenen. Vervolgens is er Franske (mijn spirituele vader), die mijn verschillende gemoedstoestanden doorheen mijn groeiproces heeft meegemaakt en steeds mijn toeverlaat is geweest. En tot slot is er mijn echtgenoot Marc ('schoemeke'), met wie ik al dertien jaar gelukkig gehuwd ben. Hij is mijn steunpilaar die ervoor gezorgd heeft dat mijn werk op een professionele en kwalitatieve manier steeds beter is geworden, waardoor ik innerlijk nog sterker ben ontwikkeld. Aan dit drietal wil ik nog even zeggen: dank je wel voor al jullie steun en liefde, jullie zullen altijd een bijzonder plekje in mijn hart én ziel hebben!

Mijn motto over de kracht van intuïtie is: *'Je moet leven zolang je mag leven en pas rusten als je tijd er is!'*

,

Mijn allerbeste vriendin (make).

Mijn toeverlaat (Franske).

Mijn steunpilaar Marc (schoemeke).

De schrijfmicrobe

Nooit van mijn leven zal ik dat bijzondere moment vergeten toen ik voor het allereerst mijn eerste boek, *Boodschappen van gene zijde*, verschenen in juni 2009, in handen kreeg. Het voelde aan als de geboorte van een kindje, met name mijn kindje, waar ik nóg steeds ontzettend trots op ben! Het is ongelooflijk hoe het schrijven van een boek zo'n innerlijke impact kan hebben. Mijn innerlijke kracht waarmee ik zowel mensen als dieren help is zich pas goed beginnen te ontwikkelen nadat ik heel veel jaren terug mijn zware verleden stap voor stap ben beginnen te verwerken. Van jongs af aan kreeg ik ingegeven dat ik later als medium andere mensen en dieren met mijn paranormale gaven zou kunnen helpen en dat het net daarom was dat ik zoveel in mijn leven moest meemaken. Ik zou er de vruchten van plukken als ik al die negatieve ervaringen uit mijn verleden zou kunnen overwinnen. Geloof me als ik je zeg dat ik toen die ingegeven informatie van gene zijde nooit heb kunnen en willen geloven. Op dat moment in mijn leven zat ik in zo'n diep dal dat ik zelfs moeite had met te willen ademen! Als ik dan bekijk waar ik nu sta, hoe sterk ik door die negatieve ervaringen ben geworden, dan besef ik maar al te goed dat het geen illusie was wat ik toen heb ingegeven gekregen maar een waarheid, een droom die werkelijkheid werd. Ik denk dan ook: als ik gelukkig kan zijn na alles wat ik heb meegemaakt, waarom zou iemand anders dan ook niet echt gelukkig kunnen worden? De wonderen zijn de wereld nog niet uit en als je daarin gelooft, dan is dit alvast een begin van een omkeer in je leven. Mijn motto over het leven is: *Iedereen kan gelukkig zijn ongeacht wat je hebt meegemaakt, zolang je jouw geloof én vertrouwen maar nooit verliest!*

Het boek *Boodschappen van gene zijde* bevat niet alleen een stuk biografie maar is ook rijkelijk gevuld met een aantal spirituele onderwerpen zoals: automatisch schrift, spiritualiteit, helderzien, heldervoelen, de werking van ons lichaam, communiceren met dieren, dromen, uittreden, ontspanningsoefeningen, het stervensproces, stervensbegeleiding, reïncarnatie, hypnose, gidsen, dolfijnentherapie enzovoort.

De schrijfmicrobe is zich in mijn lichaam beginnen te nestelen enkele minuten nadat ik mijn eerste boek in handen kreeg. Voor ik het goed besefte, kreeg ik de ingeving dat deze microbe mij weleens voor een tijdje goed te pakken zou kunnen hebben. Op een nacht begon ik in mijn slaap te praten, waardoor mijn echtgenoot Marc wakker werd en hij te horen kreeg over welke onderwerpen mijn tweede boek zou gaan. Het grappige van alles was dat ik 's morgens bijna zelf niets meer wist, alleen dat het ging over meerdere titels van boeken. Marc schrok zich eventjes te pletter en keek mij aan alsof de wereld ging vergaan omdat hij mij nu nog meer zou moeten missen, want een boek schrijven neemt immers heel veel tijd in beslag, zeker als je het goed en zuiver wenst te doen! Toch was hij ook héél trots op mij en zei hij enkele seconden later: 'Als dat jouw wens is, dan moet je dat zeker doen en sta ik voor honderd procent achter je.' Ik keek hem aan, glimlachte met een voldaan gevoel en zei: 'Dank je wel liefste, mijn schoemeke, mijn steunpilaar voor altijd.' ☺ Het schrijven is sinds die nacht een nieuw doel in mijn leven geworden waar ik graag en met hart en ziel aan werk!

Het tweede boek, *De glimlach van de ziel*, is dan ook met heel veel liefde ontstaan en is verschenen in juni 2010. In dat boek loopt een rode draad door het geheel, zodat je je ziel met nog meer spirituele kennis kunt voeden. Als auteur deel ik je mijn mooiste ervaringen mee, zodat je het gevoel krijgt alsof je ze zelf ervaart, zo intens en met een werkelijke puurheid!

Het boek *De glimlach van de ziel* laat je vanuit meerdere invalshoeken kennismaken met spiritualiteit. Verschillende situaties waarin mens en dier kunnen verkeren worden meermaals aangehaald en uitvoerig besproken, gezien vanuit het standpunt van onder anderen therapeut, klant (patiënt), familie, vriend (kennis), overledenen (zielen aan gene zijde) en nabestaanden. Een aantal van de onderwerpen die in het tweede boek aan bod komen zijn de kracht achter de ziel, geen leven zonder doelstellingen, de betekenis van zielen, aura's leren aanvoelen, de betekenis van verslavingen, alcohol- en drugsgebruik, roken, eetstoornissen, medicijnen en depressiviteit, zielen zwevend tussen hemel en aarde, gezondheidsproblemen, zelfmoord of moord, wiegendood, abortus en euthanasie, de keuze tussen begraven of cremeren, het proces van loslaten en verwerking, de glimlach van dolfijnen en de reïncarnatie van dierenzielen.

De schrijfmicrobe werd een serieus virus waar ik blij om ben, want ik wil er eigenlijk nog niet van verlost geraken ☺. Schrijven geeft me werkelijk zo'n voldoening, zeker als je zoveel mooie reacties krijgt van mensen die je hebt kunnen helpen in hun leven. Door mezelf te zijn en me niet anders voor te doen geef ik me volledig bloot in alle eerlijkheid! Ik deel je mijn ervaringen mee die jouw kennis kunnen worden en mijn wetendheid die jou de voeding kan geven om je ziel nog verder te ontwikkelen! Wat kan er nog mooier zijn in het leven dan andere mensen en dieren helpen vanuit de kern, je innerlijke ik?

Graag wil ik dan ook alle mensen bedanken die mij graag zien om wie ik innerlijk ben, in mijn werk geloven, mij steunen en mijn boek(en) hebben aangekocht! Ook wil ik het Team Spirit ☺ bedanken, dat mij op 24 juni 2010 heeft geholpen met *Live on Stage*, het optreden dat ik heb gegeven ter ere van mijn tweede boek, dat daar exclusief voor het eerst werd voorgesteld. Gelukkig zijn er nog mensen met het hart op de juiste plaats, want spirituele mensen zijn mensen die anderen helpen. Nogmaals mijn oprechte dank... vanwege Naomi en Phoenix (mijn oergids)!

Goed om te weten:
De opbrengsten van mijn eerste boek schenk ik volledig weg aan organisaties die zich inzetten voor de strijd tegen mishandeling van dieren! Op die manier kan ik mijn steentje bijdragen, aangezien ik een échte dierenvriend ben! **Voor mij is een leven zonder dieren een leven zonder inhoud!**

Naomi Apachi
Boodschappen van gene zijde
BEKEND VAN TV
Standaard Uitgeverij

Naomi Apachi is een alom bekend en erkend medium. Als schakel tussen hemel en aarde gebruikt zij haar gave om andere mensen en dieren te helpen. Door zich te concentreren op foto's of voorwerpen kan Naomi in contact treden met overledenen. De boodschappen die ze doorkrijgt van de doden kunnen heel belangrijk zijn in het genezingsproces van wie achterblijft.

In *Boodschappen van gene zijde* geeft Naomi antwoorden op cruciale vragen. Wat is sterven precies? Is er leven na de dood? Wat betekent 'overgaan naar het licht'? Heeft iedereen een beschermengel, een oergids? Kun je bepaalde spirituele gaven stimuleren? Wanneer heb je iets verwerkt? Hoe kun je innerlijk gelukkig worden?

Naomi geeft verbijsterende voorbeelden uit haar praktijk en vertelt over aanverwante ervaringen, zoals stervensbegeleiding en communiceren met dieren. Ook licht ze toe hoe ze vele jaren geleden haar bijzondere gave ontdekte en ermee leerde omgaan.

Naomi Apachi heeft naam en faam als adviesgevend medium. Ze legt zich ook toe op helderziende waarnemingen, healing van mens en dier, hypnose en geeft cursussen Intuïtieve Ontwikkeling. Verder geeft ze demonstraties op spirituele beurzen en voor besloten groepen.

ISBN 978 90 02 23274 9

MET GRATIS ENERGIEKAARTJE

Standaard Uitgeverij
www.standaarduitgeverij.be

Naomi Apachi
De glimlach
van de ziel
BEKEND
VAN TV
Standaard Uitgeverij

In ***De glimlach van de ziel*** neemt Naomi Apachi je mee naar een wereld die onsterfelijk is. De ziel van zowel mens als dier is een prachtig lichtwezen dat uit vorige levens telkens een aantal positieve en negatieve ervaringen meeneemt. Wie de ziel begrijpt, zal het leven beter begrijpen.

Waarom maak je bepaalde dingen mee in je leven en wat is het doel ervan? Waarom is het belangrijk uit negatieve ervaringen ook iets positiefs te leren? Hoe haal je het maximum uit je leven? Hoe krijg je contact met een dierbare overledene en ga je het best om met verlies? En hoe kun je ervoor zorgen dat een ziel aan gene zijde (het hiernamaals) over je waakt en ook trots op je is, zodat je innerlijk een glimlach van die dierbare kan ontvangen?

Naomi Apachi geniet naam en faam als adviesgevend medium. Als schakel tussen hemel en aarde gebruikt zij haar gave om andere mensen en dieren te helpen. Door zich te concentreren op foto's of voorwerpen kan ze informatie ontvangen over iemands verdere levenspad. Ook kan ze boodschappen ontvangen van zielen (dierbare overledenen) en ze indien nodig naar gene zijde begeleiden. Haar eerste boek *Boodschappen van gene zijde* (2009) werd meteen een bestseller.

ISBN 978 90 02 23608 2
9 789002 236082

MET GRATIS ENERGIEKAARTJE

Standaard Uitgeverij
www.standaarduitgeverij.be

Indien je een van de boeken nog niet hebt, kun je het steeds via www.naomiapachi.com rechtstreeks bestellen. Heb je geen internet, neem dan telefonisch contact op met het gsm-nummer +32 (0)475 25 93 93. Om een van de boeken te kopen, ben je ook steeds welkom op de spirituele beurzen waar ik demonstraties geef (meer info en kortingen: zie website)!

Phoenix (mijn oergids) neem ik telkens mee naar iedere spirituele beurs.

De kracht die schuilt achter mijn intuïtie:

Dieren zorgen voor een andere kijk op het leven

Dieren zijn in mijn leven altijd een heel grote prioriteit geweest omdat ik als medium van jongs af aan met iedere diersoort, hoe groot of klein ook, ontzettend goed heb kunnen communiceren. Ze gaven me steeds het gevoel je echt te begrijpen en zijn ook altijd dankbaar voor wat je voor hen doet. Ze stralen een eerlijkheid uit, wat een dier bijzonder maakt. Je kunt onvoorwaardelijk veel liefde en steun van hen krijgen, afhankelijk van hoe je zelf met hen omgaat. Weet dat ieder dier van nature uit nooit vals zal zijn, of er zou iets mis moeten zijn met zijn hersenen. Ze zijn steeds vergevensgezind en dat komt omdat ze meer kunnen zien dan je goed beseft, ze kijken namelijk dwars door je heen en voelen je ziel aan zoals die werkelijk is! Ze kunnen op een bijzondere manier naar je kijken en gebruiken een innerlijke communicatie. Je zou ervan schrikken als je zou weten wat er allemaal door hun hoofd heen gaat en wat ze je allemaal zouden willen vertellen. Ze komen je niet alleen begroeten of willen dat je met hen samen speelt, ze komen je ook troosten alvorens je werkelijk verdrietig bent, want ze voelen die dingen namelijk eerder aan dan je ze zelf kunt aanvoelen. Ieder dier wil dat je innerlijk echt gelukkig bent en het kan dat laten zien en voelen op verschillende speelse en bizarre manieren. Als je leert bewust om te gaan met dieren, leer je ook hun taal beter te begrijpen door vooral veel liefde en geduld op te brengen.

Soms wensen dieren ook betere tijden voor hun baasje omdat ze voelen en merken dat hun baasje niet echt gelukkig is.

Een dier is net als een kind en heeft ook verzorging, liefde en aandacht nodig. Het is dus wel belangrijk op voorhand te beseffen wat er allemaal bij komt kijken als je een dier wilt aanschaffen. Het is een persoonlijke keuze welk dier je wenst te nemen, maar zorg ervoor dat het bij je past en dat je er regelmatig tijd voor kunt maken, want voor je het weet wordt het snel volwassen. Aangezien ik samen met mijn echtgenoot Marc ervoor gekozen heb geen kinderen te nemen, hebben wij besloten ons gezinnetje uit te breiden met dieren. In ons hart en onze ziel zijn onze dieren werkelijk onze kindjes! We hebben voor hen gekozen en zullen er eeuwig voor blijven zorgen tot gene zijde beslist om ze te komen halen. In tussentijd willen wij hun een goed leven geven zoals mensen die van hun kinderen houden en voor hen ook het allerbeste willen!

Ons gezinnetje bestaat uit een hond met de naam Sloefke (een beige labrador) en drie paarden met de namen Shakira, Lachica en Ochy. Sloefke is de reïncarnatie van een overleden hond, Spike (een golden retriever), en Shakira is de reïncarnatie van ons dierbare overleden dwerghangoorkonijntje Booke. Het is ongelooflijk hoeveel Sloefke en Shakira als ziel gemeen hebben met het dier dat ze voordien zijn geweest! Je krijgt er werkelijk kippenvel van als je ze bepaalde dingen ziet doen die volledig gelijk zijn aan hun leven voordien. De kracht die schuilt achter mijn intuïtie is de stem van mijn oergids Phoenix, die er onder andere voor gezorgd heeft dat ik deze twee schatten van zielen opnieuw mocht verwelkomen op aarde maar dan in een ander dierlijk lichaam.

Mijn oergids Phoenix liet me op een dag een soort van diafilm zien, een film over ons eigen leven. Hoe we innerlijk nog rijker en gelukkiger konden worden, maar dat we er iets voor over moesten hebben. Dat gevoel was zo sterk en intens dat het mij sinds die dag niet meer heeft losgelaten. Bovendien zei Phoenix dat de tijd nog niet rijp was en dat we nog geduld moesten hebben, maar dat we ons al mochten verwachten aan een grote ommekeer in ons leven. Geduld is een mooie zaak, maar dat is nu net een van mijn slechtste eigenschappen, waaraan ik nog steeds moet werken ☺. De grote ommekeer in ons leven is namelijk dat we nog zullen verhuizen, zodat we onze paarden aan huis kunnen hebben en wij op die manier meer met hen bezig kunnen zijn! Niet alleen om met onze kindjes uitstapjes te maken maar ook om met hen te kunnen werken, want dat is namelijk een doel dat in mijn hart ontstaan is sinds we onze drie paarden hebben gekocht. Innerlijk weet ik heel goed dat onze paarden ervoor gezorgd hebben dat we een andere kijk op het leven zouden krijgen als we dat zelf ook zouden willen. Doordat onze liefde voor onze dieren zo diep gaat, willen wij het maximum uit het leven kunnen halen zodat we zoveel mogelijk van hen kunnen genieten. Ik zou het betreuren als ik er op een dag spijt van zou krijgen niet met volle teugen met onze paarden geleefd te hebben! Daarom zeg ik vanuit mijn ziel: dank je wel gene zijde, Phoenix en iedereen uit de hogere sferen die de weg hebben vrijgemaakt, zodat we ons leven een volledige ommekeer kunnen geven als de tijd er rijp voor is!

Na negen jaar in het buitenland gewerkt te hebben met dolfijnen ben ik toe aan een nieuw hoofdstuk in mijn leven. Mijn motivatie en mijn wens is om met mijn eigen paarden te kunnen werken, zowel met mens als met dier, op een intuïtieve manier. Voorlopig moet ik nog geduld hebben tot we de juiste betaalbare woning met weide op ons pad mogen tegenkomen! Veel mensen verklaren ons gek omdat we willen verhuizen, aangezien onze woning nog maar negen jaar oud is en volledig naar onze zin is gebouwd. We weten zelf ook dat we een goede woning moeten afgeven, hoogstwaarschijnlijk voor een oudere woning waar tal van gebreken aan zullen zijn, maar dat heb je nu eenmaal met oudere huizen. Gevoelsmatig kan ik niet blijven wonen waar ik nu woon, ook al is het een mooie kwalitatieve woning die helemaal in orde is en gebouwd is in een mooie steen. Als ik luister naar de stuwende kracht achter mijn intuïtie, dan weet ik dat we ons innerlijk nog rijker zullen voelen als we eenmaal zijn verhuisd, maar waarschijnlijk niet in onze portemonnee ☺. Ik ben er ook honderd procent van overtuigd dat ik met mijn echtgenoot Marc op onze nieuwe plaats innerlijk nog gelukkiger kan worden. Het gevoel dat we zullen ervaren wanneer we vanuit het raam onze paarden kunnen zien lopen met Sloefke er al rennend achteraan, zal meermaals ons hart en onze ziel bekoren!

Tot slot:
Tracht de liefde die je van een dier ontvangt ook terug te geven, zodat er een bijzondere band kan opgebouwd worden. Want vergeet nooit: dieren houden van je om wie je werkelijk bent en niet om hoe je eruitziet. Het gevoel dat je van een dier kunt krijgen is met geen geld te betalen. Daarom kan het weleens nuttig zijn je innerlijke stem te volgen, want als je dat niet doet zul je dat bijzondere gevoel ook nooit tot in de diepte van je hart en ziel kunnen ervaren!

De reïncarnatie van † Spike in ons Sloefke.

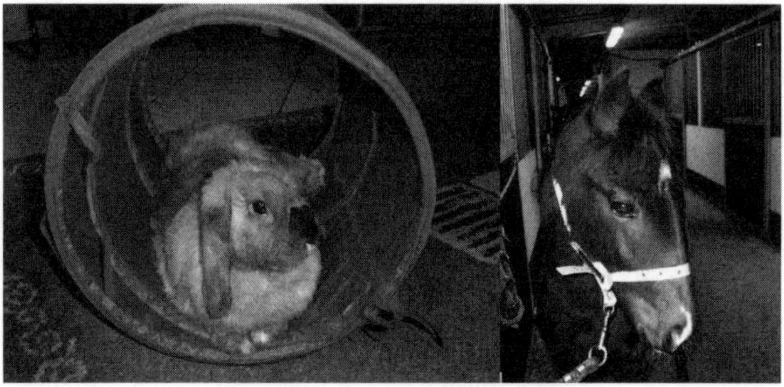

De reïncarnatie van † Booke in Shakira.

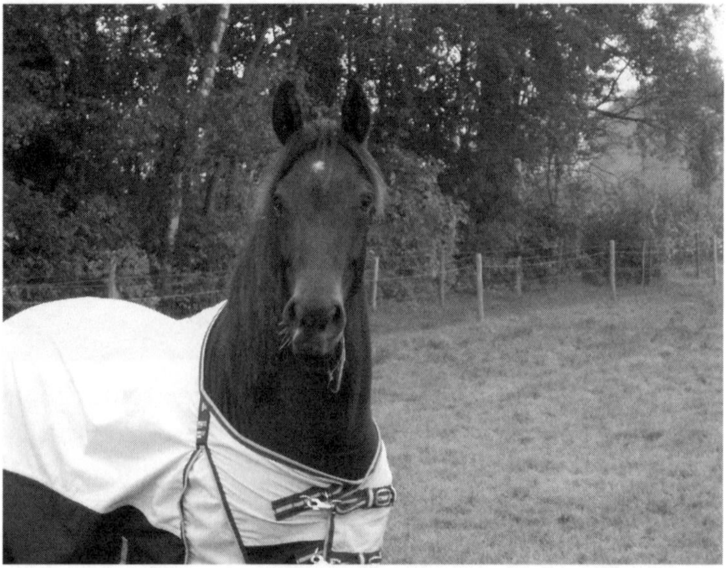

Lachica, onze jongste telg.

Ochy, ons moederke op rust.

De kracht die schuilt achter mijn intuïtie:

Mijn petekind zorgt ervoor dat dromen geen bedrog zijn

Het geheim van mijn glimlach was een gekoesterde droom die ik al jaren geleden had en ook beschreven heb in het tweede boek, *De glimlach van de ziel*: ooit meter te mogen worden van het eerste kindje van mijn eerste zusje Cindy. Ik hoopte om de geboorte te mogen meemaken, omdat wijzelf nooit kinderen zullen hebben. Voor mij was dit een diepe wens die met geen woorden kan beschrijven hoe het innerlijk mijn leven zou kunnen veranderen.

Een deel van mijn wens was al uitgekomen nadat ik door Cindy en mijn schoonbroer Nick gevraagd werd om meter te willen worden van hun toen nog ongeboren kindje. Het waren spannende maanden in afwachting van of het nu een jongen of een meisje zou worden. Ik had namelijk tijdens het schrijven van *De glimlach van de ziel* een héél bijzondere naam doorgekregen waardoor ik ervan overtuigd was dat het toch een meisje zou worden, ondanks de ingevingen van járen voordien. Sommige dingen kunnen wijzigen, zeker als we spreken over jaren op voorhand. Ik heb namelijk een duidelijk bewijs gekregen dat dromen geen bedrog zijn, maar werkelijkheid kunnen worden als je maar lang genoeg hoopt en die wens vanuit je hart blijft koesteren en uitstralen!

Ik zal het volgende nooit meer vergeten...
De dag van de bevalling, namelijk 10 september 2010, was het mooiste geschenk dat ik toen heb mogen krijgen. In spannende afwachting hadden Cindy en Nick besloten dat ik als meter de navelstreng van hun kindje mocht doorknippen, mijn petekindje. Ik weet nog dat ik aarzelde en zei: 'Neen, dat moet de papa normaal gesproken doen.' Beiden hadden impulsief besloten, aangezien ik niet de hele tijd bij de bevalling aanwezig mocht zijn, om aan mij die eer te geven, zodat mijn wens tóch nog op een andere manier in vervulling kon gaan! Door die vraag liep ik even rond als een kip die haar ei niet kwijt kan ☺, zo onrustig liep ik heen en weer, tot die vraag goed tot me doordrong. Ik voelde me vereerd om zoiets te mogen doen, ik had het vooraf als medium nooit ingegeven gekregen. Zo zie je maar dat ze ook mij nog van mijn stuk kunnen brengen, hé ☺. De impact van deze gebeurtenis was werkelijk verrassend, het leek alsof ik nog nooit eerder een schaar in handen had gehad. Ik was zo ontzettend emotioneel dat ik het doorknippen in twee keer heb moeten doen, het voelde precies aan als een rubber slangetje. Het is een vreemd gevoel te beseffen dat via de navelstreng mijn petekindje de voorbije negen maanden werd gevoed. Ik heb op dat moment mijn zakdoekjes meer dan nodig gehad, maar het waren tranen van intens geluk. Ik kon me écht geen mooier geschenk inbeelden, dank je wel lieve zus Cindy en fantastische schoonbroer Nick!

Als meter maar ook als medium was het een heel bijzondere ervaring om de navelstreng te mogen doorknippen. Ik heb er namelijk voor mogen zorgen dat het kindje van mijn zusje Cindy en schoonbroer Nick een individuutje werd, waardoor het een eigen leven kreeg ☺. Cindy en Nick waren de trotse ouders geworden van een prachtige dochter met de

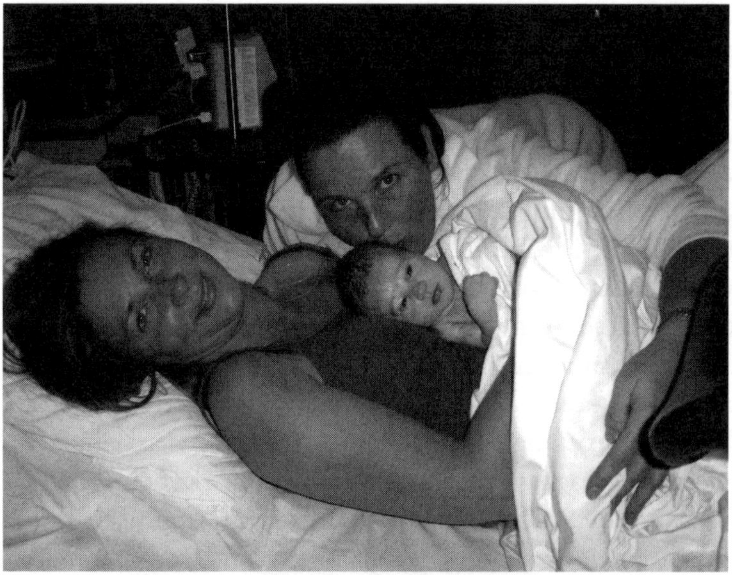

Vlak na de geboorte van mijn petekindje Bo, een wolk van een kind.

opmerkelijke naam Bo, ze woog 2,970 kg en was 48,50 cm groot. Na de bevalling heb ik mijn petekindje ontzettend lang mogen vasthouden, zodat mijn zusje Cindy met de hulp van Nick een douche kon nemen, want na al die inspanning was ze blij zich even te kunnen opfrissen. Op dat moment kon ik hen niet helpen, maar ja, ik had mijn handen letterlijk meer dan vol ☺, ik zonderde mij dan maar even af met mijn petekindje Bo. Ik heb haar vol bewondering staan aankijken, ik heb haar vingertjes en teentjes geteld, haar gezichtje meermaals gekust en haar liefdevol gestreeld. Ik zei tegen ons Bo: 'Jij klein meisje, mijn Bambike, je hebt mijn droom in vervulling laten gaan!'

Mijn petekindje Bo heeft prachtige grote donkerbruine ogen, net zoals Bambi uit de tekenfilm, wat ik trouwens ook had voorspeld. Vandaar haar welverdiende troetelnaampje Bambike. Het is een wolk van een meisje, mijn oogappeltje, mijn engeltje, wat ook haar tweede bijzondere troetelnaampje is. Het feit dat ze een écht meisje is, waar ik zelf altijd al van gedroomd heb, maakt het mij mogelijk om later als ze groot is haar lange haren te kunnen borstelen, net zoals ik vroeger bij mijn zusje Cindy heb gedaan. Uiteraard kunnen Cindy en Nick ervoor kiezen om de haartjes van ons Bo kort te houden, maar ik ben ervan overtuigd dat ze dat niet zullen doen. In ieder geval moet ik toch nog eventjes geduld hebben alvorens ik die lange haren van mijn petekindje kan borstelen, voorlopig zal ik het nog maar doen met een klein zacht babyborsteltje ☺.

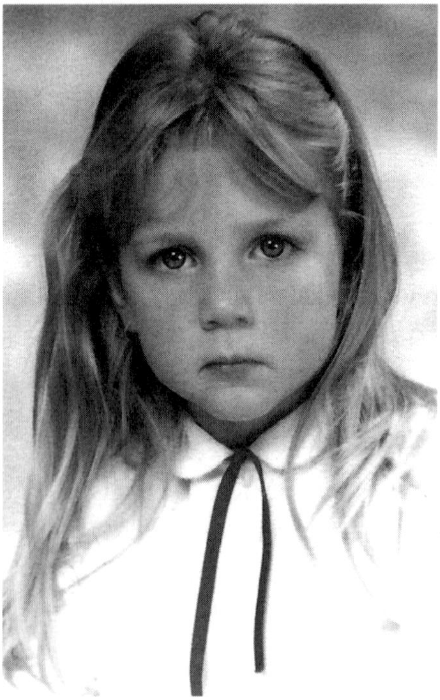

Zusje Cindy met lange blonde haren.

Mijn Bambike Bo in haar zwembandje.

Ondertussen ben ik in totaal al drie keer een trotse tante geworden. De eerste twee keer was van de kinderen mijn jongste zusje Wendy en Iwein. Hun eerste kindje heet Zora, geboren op 13 februari 2009, en hun tweede heet Kyra, geboren op 22 april 2010. Beide kinderen zijn schatten van meisjes en als tante ben ik dan ook ontzettend trots op hen. Ik hoop met die twee meisjes een band te kunnen opbouwen zodat ze hun tante Naomi niet gemakkelijk zullen vergeten, want mooie herinneringen zijn altijd aangenaam om te creëren en kan niemand ooit afnemen!

Zora steelt graag de show.

Kyra al helpend in de tuin.

Volgende ingevingen heb ik ontvangen voor mijn zusje Cindy en Nick:

Via automatisch schrift ontvangen op:
20 augustus 2010 om 08u34

Dag mijn lief klein zusje Cindy en papa Nick,
ook al zijn jullie nog even weg, toch wilde ik laten weten dat ik jullie niet ben vergeten. Augustus is een maand van stilte, daarna komt er een nieuw leven op de wereld, een nieuw begin. Als teken van jullie liefde een pracht van een kind, namelijk een dochtertje met heel veel talenten en doordringende prachtige grote bruine ogen,
net als Bambi ☺.

*** Van Naomi, in blijde verwachting als meter ***

Via automatisch schrift ontvangen:
voor het geboortekaartje van mijn petekindje

Onze liefde is oprecht,
ons poppetje is nu écht...

*** Van Naomi, na het winkeltje van de doopsuiker ***

Een goed gevulde schatkist met doopsuiker.

Via automatisch schrift ontvangen op:
11 september 2010 om 10u12

Liefste mama en papa,
wat ben ik blij dat jullie mijn mama en papa zijn.
Ik ken alleen nog maar de babytaal, daarom dat mijn lieve meter dit vertaalt.
Ik zal het later wel vergeten zijn dat mijn tante Naomi mijn navelstreng heeft doorgeknipt, maar ze zal er wel levendig over vertellen, waardoor ik besef dat ze er mee voor gezorgd heeft dat ik als poppetje van mijn mama en papa eindelijk een echt wonderlijk individuutje werd.
Dank je wel mama en papa dat mijn lieve meter dit heeft mogen doen, want zoals mijn navelstreng verbonden was aan mijn mama heb ik met mijn meter een emotionele band, waarvoor geen schaar bestaat die deze bijzondere band ooit kan verbreken.

*** Van jullie dochtertje, Bo Dillewyns ***

Via automatisch schrift ontvangen op:
17 november 2010 om 20u00

Mijn allerliefste Boke,
ik wilde je even laten weten dat je tante Naomi je nog niet is vergeten.
Lief klein wolkje van een meisje, je hebt mijn hart tot in mijn ziel met heel veel liefde gevuld. Mijn wens was jouw geboorte, ik heb er lang op moeten wachten met heel veel geduld.
Jij was namelijk het kleine puzzelstukje dat in mijn leven nog ontbrak.
Ik dank iedere dag je mama en papa voor dat bijzondere moment bij je geboorte,
en ik geef jou Boke daarvoor een dikke eeuwige smak...

*** Van je tante én meter, Naomi Apachi ***

Via automatisch schrift ontvangen op:
31 december 2010 om 22u51

Liefste mama en papa,
mijn oogjes zijn dicht, in de kamer is er geen licht,
tante Naomi heeft mijn laatste papje gegeven, bij mijn bebonneke kom ik helemaal tot leven. Maar nu zit ik in dromenland op mijn roze wolkje, en zie ik mama en papa plezier maken terwijl mijn oogjes dicht zijn en ik lekker slaap onder mijn zachte laken.
Gelukkig Nieuwjaar mama en papa...

*** Van jullie dochtertje, Bo Dillewyns ***

Via automatisch schrift ontvangen op:
1 januari 2011 om 09u41

Kiekeboe... mama en papa,
bebonneke heeft mij zonet wakker gemaakt,
zodat tante Naomi mijn papje kon geven om 08u45.
Ik heb mijn papflesje ook heel flink opgedronken.
Ik ben nu een bangelijk elfenfilmpje aan het bekijken
op televisie.
Het was gisteren heel tof bij mijn bebonneke en tante Naomi,
ik vind het ook fijn, mama en papa, dat jullie plezier maken.
Want door tijd te maken voor jullie tweetjes
ben ik namelijk ook ontstaan ☺.

*** Van jullie dochtertje, Bo Dillewyns ***

Door de geboorte van mijn petekindje Bo heb ik ook een andere kijk op het leven gekregen! Ik wil tijd kunnen vrijmaken voor haar, zodat er tussen mij en dat kleine meisje een hechte band kan ontstaan. Tot slot wil ik maar één keer in mijn leven meter zijn en aangezien ik dat nu ben, wil ik die taak dan ook volwaardig dragen, zodat ik een tweede mama kan zijn voor ons Bo. Door mijn petekindje heb ik een nieuwe droom die ik koester waarvan ook zij later deel zal uitmaken als ze iets groter en ouder is. Als we verhuisd zijn, wil ik ervoor zorgen dat ze haar eigen kamertje heeft zodat ze te allen tijde bij mij terechtkan, en uiteraard zijn mijn nichtjes Zora en Kyra ook altijd welkom! Omdat we zelf geen kinderen hebben, heb ik nooit op voorhand kunnen ervaren hoe de liefde voor een kind kan zijn. Ik weet nu dat de liefde die ik voor mijn petekindje Bo voel en ervaar ontzettend sterk is, en gelijkwaardig aan de liefde die ik voel voor onze kindjes Sloefke, Shakira, Lachica en Ochy! Als de liefde in je hart duidelijk oprecht aanwezig is, dan maakt het niet uit of het over een dier of een mens gaat. Houden van is namelijk meer dan een besef, je moet je gevoel kunnen laten spreken vanuit je innerlijke ik, de kern. Mijn motto over liefde is: *Als je werkelijk en oprecht van iemand of iets houdt, zorg er dan voor dat je het meermaals laat voelen door er bewuster mee om te gaan!*

De nieuwe droom die ik koester is dat ik mijn petekindje Bo in de toekomst kan betrekken bij onze paarden. Ik wil haar verantwoordelijkheid leren door steeds zorgzaam maar ook behoedzaam te zijn ten opzichte van paarden, zodat er een bijzondere band kan ontstaan tussen kind en paard. Ook wil ik haar leren omgaan met paarden, het plezier ervan leren ontdekken en haar de liefde laten voelen die je ervan kunt krijgen als je het goed met hen voorhebt. Stapje voor stapje wil ik haar de taal van de paarden leren begrijpen, zodat ze op de juiste manier leert communiceren. Ik weet nu al dat er een héél sterke band zal ontstaan tussen ons Bo en wie weet, misschien haar toekomstige paardje ☺?

Als de tijd er rijp voor is en we hebben uiteindelijk een andere woning gevonden, dan pas kan ik grote wijzigingen beginnen doorvoeren aan de dingen die ik wens aan te passen, zodat ik met mijn echtgenoot Marc veel meer van het leven kan genieten. Een innerlijk verlangen, een sterk voorgevoel zegt me dat ik in de toekomst een veulen zal krijgen van ons Shakira, de reïncarnatie van ons Booke, mijn dwerghangoorkonijntje dat overleden is op woensdag 25 juli 2007. Het verlangen naar een veulen is voor mij immens groot, zoals het verlangen dat iemand heeft naar een eigen kind. Ik heb er nooit een seconde twijfel over gehad of spijt

Het eerste contact tussen Shakira en mijn petekindje Bo.

van gehad dat we geen echte kinderen hebben, maar als ik mijn verlangen naar een veulen moet opgeven, dan zou ik me werkelijk ongelukkig voelen, alsof iemand mij een eigen kind letterlijk ontzegt!

Volgende ingeving heb ik ontvangen voor mezelf en Marc:

Via automatisch schrift ontvangen:
toen we op zoek waren naar een andere woning

De tijd is nog niet rijp, je krijgt daarvan spijt.

Een andere richting zul je moeten kiezen,
anders ga je écht te veel inzet verliezen.

Verschillende dingen aanpassen daar waar het nodig is,
zodat je diep in je hart even die leegte vult zonder gemis.

Een mooie toekomst en vooruitzichten staan je te wachten,
zonder te veel verspilling van onnoembare inzet én krachten.

Werk aan de verschillende dingen die er ook al zijn,
zodat je innerlijk van ontspanning kunt genieten en dat
gevoel is fijn.

Een kleintje van Shakira moet je heus niet opgeven,
een nieuw begin zorgt innerlijk voor een nieuw leven.

Paarden zijn niet zomaar op je weg gekomen,
daarvan mag je even blijven verder dromen.

De uitkomst biedt je een nieuwe weg, het is zoals ik het je zeg.

Maar laat alles spontaan gebeuren en stel ook nieuwe doelen,
dat is wat wij (aan gene zijde) nu ook werkelijk bedoelen.

En ja hoor Nommeke... je zult een kleintje van Shakira
krijgen, daarvan mag je even blijven verder dromen
én daarover moet je niet zwijgen.

Misschien op een andere manier, spirituele beleving op je
weg én veel plezier!

Wanneer ga je nu eindelijk eens paardrijlessen volgen?
Ik hoor je denken, sorry, ik blijf onder 't werk bedolven!

En ja... véél schrijven zul je ook nog doen,
kom hier, ik geef je alvast een oprechte zoen.

Wat wil je nóg meer?
Ik kan het je blijven zeggen, keer op keer!

Analyseer maar eens goed heel deze inhoud...
Zorg dat je jouw spirituele leven verder opbouwt!

*** Van Phoenix, jouw persoonlijke oergids ***

Tot slot:
Ik heb deze prachtige informatie lange tijd geleden mogen ontvangen. Soms lijkt het innerlijk te mooi om waar te zijn, maar diep in mijn hart weet ik dat ik me moet vasthouden aan mijn gevoel, de stem van mijn oergids Phoenix die schuilt achter mijn intuïtie. Op een dag zal hij de juiste mensen met de juiste informatie op mijn pad sturen, daar houd ik me honderd procent aan vast en ik weet ook dat binnenkort déze droom geen bedrog zal zijn!

Het bewust worden van je zintuigen

Als we spreken over lichamelijke zintuigen, dan verstaan we hieronder het gezicht (zien), de tastzin (voelen), het gehoor (horen), de smaakzin (proeven) en de reukzin (ruiken). Iedereen beschikt over deze zintuigen, maar bij de ene zijn ze al sterker ontwikkeld dan bij de andere. De mate waarin deze zintuigen tijdens de kindertijd al zijn ontwikkeld en tijdens de opgroeifase gestimuleerd zijn geweest in de omgang met andere kinderen, dieren alsook materie, zal bepalend zijn voor hoe sterk we onze lichamelijke zintuigen in ons verdere leven kunnen benutten en hoe ze ons meer kunnen vertellen.

Iedere persoon vindt het vanzelfsprekend dat zintuigen in functie van het zien, voelen, horen, proeven en ruiken iedere seconde van de dag gebruikt kunnen worden. We staan er niet bij stil dat we er eigenlijk dankbaar voor moeten zijn. Bij de meeste mensen blijven van kinds af aan hun vijf zintuigen heel hun leven naar behoren functioneren. Indien bijvoorbeeld iemand geboren is met een bepaalde afwijking zoals blindheid, dan weet die persoon niet wat hij echt mist omdat hij ook nooit heeft kunnen zien. Dat neemt uiteraard niet weg dat hij er wél naar kan verlangen om te kunnen zien. Indien iemand op latere leeftijd bijvoorbeeld blind zou worden, dan krijgt het verhaal een heel andere wending...

Er is namelijk een groot verschil tussen het werkelijke besef dat men iets mist in het leven, en het sterke verlangen dat men heeft naar iets wat er niet is. Als men het besef heeft van iets te missen, bijvoorbeeld men kan niet meer zien omdat men na een ongeluk blind is geworden, dan heeft men die ervaring gehad van hoe het was om wél te kunnen zien. De strijd die men dan innerlijk levert is immens groot, omdat lichaam en geest moeten wennen aan die plotselinge handicap. Indien men de innerlijke strijd wint door het besef dat men niet anders kan dan ermee te leren leven, dan pas kan er een innerlijke genezing ontstaan waardoor de innerlijke krachten soms véél sterker kunnen toenemen. Daardoor kan men soms ook tot waanzinnige prestaties komen, die vóór die handicap niet bewerkstelligd konden worden. Deze mensen hebben meestal een ongelooflijke innerlijke kracht, die door de handicap hun leven op een positieve manier heeft weten te beïnvloeden. De reden hiervan is dat het innerlijke gevoel het denken meestal overheerst, aangezien men op een andere manier met bepaalde zintuigen leert omgaan. Men is dan veel sneller in staat om zelfs bepaalde dingen aan te voelen die men vroeger nooit heeft aangevoeld!

Mensen die met een handicap zijn geboren, hebben ermee moeten leren leven en de nodige tijd gehad om eraan te wennen, omdat ze nooit anders gewoon zijn geweest. Deze mensen hun innerlijke kracht is vaak al van in het begin heel sterk ontwikkeld, omdat ze hun zintuigen van in het begin tijdens hun opgroeifase al anders zijn gaan gebruiken dan mensen die geen handicap hebben. Dat is de reden waarom deze personen meestal over een hoogbegaafdheid beschikken. Het gebeurt ook dat hun zintuigen door de jaren heen overgevoelig zijn geworden omdat ze zich in veel kortere tijd hebben moeten ontwikkelen, waardoor ze scherper en sterker zijn. Dat is trouwens ook de reden waarom deze mensen soms over spirituele gaven beschikken door hun handicap. Ook al is er een uiterlijke zwakte, toch is hun lichaam en geest altijd in evenwicht geweest. Bij hen verdwijnt het denken naar de achtergrond omdat het ontzettend sterke gevoelsmensen zijn die eerder een vorm van lichaamscommunicatie gebruiken, door anderen hun lichaam aan te voelen en af te lezen!

Een nadenkertje: soms word je pas bewust gemaakt van hoe belangrijk je zintuigen zijn op het moment dat een ervan voor de helft of helemaal niet meer functioneert. Je beseft dan hoe gelukkig je had moeten zijn en snakt terug naar die tijd voor er een probleem was!

Belangrijk: draag zorg voor al je zintuigen alvorens er problemen optreden, want het is beter voorkomen dan genezen. Daarom is het belangrijk dat je je er bewust van wordt door waakzaam te zijn, je vijf zintuigen te stimuleren, nieuwe dingen te ontdekken en ook tijdig je zintuigen te laten ontspannen!

Bewust omgaan met je zintuigen: zien, voelen, horen, proeven en ruiken

Door waakzaam te zijn:

Als je een bepaald probleem ondervindt met een van je vijf zintuigen, laat dit dan onderzoeken en ga er nooit van uit dat het probleem wel zal verdwijnen. Een verstandige en gezonde levenswijze zal dan ook in je voordeel spelen. Veronderstel dat je altijd leest in het donker, dan kunnen jouw ogen op langere termijn beschadiging oplopen. Ook als je bijvoorbeeld werkt op een plaats waar een ongezonde stof in de lucht hangt die mogelijk schadelijk kan zijn voor je gezondheid, wees je er dan van bewust dat die stof eerst je reukzin kan aantasten maar op langere termijn nog veel meer problemen kan geven op gezondheidsgebied. Hoe gezonder je dus met je lichaam omgaat, hoe opvallender het je bepaalde signalen zal geven als er iets helemaal niet juist met je is. Mijn motto luidt dan ook: *een gewaarschuwd mens telt voor twee!*

Door je zintuigen te stimuleren:

Het is heel gemakkelijk om je zintuigen te stimuleren, waardoor ze zich sterker zullen ontwikkelen. Dat kun je doen door regelmatig met bekende dingen om te gaan en deze te herhalen, zodat je zintuigen als een soort van antenne kunnen werken. Je zult merken dat je bepaalde dingen blindelings veel sterker zult kunnen aanvoelen, want oefening baart kunst. Het komt erop neer dat je afwisseling moet brengen op het gebied van zien, voelen, horen, proeven en ruiken zodat je op die manier innerlijk aan jezelf blijft werken, waardoor je je vijf zintuigen blijft stimuleren, anders wordt alles veel te vanzelfsprekend en geraak je ook snel op dingen uitgekeken. Mijn motto luidt dan ook: *zonder een sterke motivatie wordt je leven eentonig!*

Door nieuwe dingen te ontdekken:

Ontdek de grote wereld van het zien, voelen, horen, proeven en ruiken. Stel jezelf open voor nieuwe dingen, wees creatief, durf nieuwe uitdagingen aangaan, wees niet te terughoudend maar durf met die wereld kennis te maken, zodat ze je nieuwe ontdekkingen kan opleveren. Stel dat je bijvoorbeeld nog nooit scampi's hebt gegeten maar er al van overtuigd bent dat je het niet zult lusten en dat het er vies uitziet, tracht je gedachten dan uit te schakelen door je tijd te nemen en het een kans te geven om die nieuwe smaak te ontdekken. Een goed hulpmiddel kan zijn: kijk er niet te veel naar want je ogen vertellen wat je wilt zien, waardoor je al met een negatief en ongegrond gevoel begint. Mijn motto luidt dan ook: *je hebt pas recht van spreken als je het eenmaal geprobeerd hebt!*

Door je zintuigen te laten ontspannen:

Het is uiterst belangrijk dat je tijdig rust neemt, zodat al je zintuigen zich op een bepaald moment goed kunnen ontspannen. Dat betekent ook dat je ervoor moet zorgen dat je niet al te lang bezig blijft, dat je een bepaald zintuig zoals het gezicht niet langdurig stimuleert tot je bijvoorbeeld voor de televisie in slaap valt. Zoals het spreekwoord luidt: overdaad schaadt! Iemand die zich goed kan ontspannen, is iemand die zijn geest volledig kan leegmaken. Dat kan alleen maar door je verstand op nul te zetten, door met niets bezig te zijn, aan niets te moeten denken en ervoor te zorgen dat je aandacht niet geactiveerd kan worden door bijvoorbeeld te moeten luisteren naar muziek. Daarom is het belangrijk dat je je ervan bewust bent dat de geest zich pas helemaal goed kan ontspannen op het moment dat je geen enkel zintuig moet prikkelen. Mijn motto luidt dan ook: *tijdige ontspanning zorgt ervoor dat je je geest niet gemakkelijk overbelast!*

Sommige mensen beschikken over een sterker ontwikkeld zesde zintuig dan de middelmaat, dat betekent dat een of meerdere zintuigen overgevoelig zijn omdat die op onverklaarbare wijze steeds worden geprikkeld, waardoor je kunt spreken van paranormaal begaafde mensen. Hun zesde zintuig was al bij de geboorte gedeeltelijk ontwikkeld en heeft zich door een handicap of andere gebeurtenis nog sterker kunnen ontwikkelen, dan wanneer hun leven van een leien dakje zou gegaan zijn. Op het moment dat ze er bewust mee omgaan verdrievoudigen ze hun innerlijke groei, hun zesde zintuig!

De emoties die je zintuigen stimuleren

Een emotie is een bepaalde gemoedstoestand die bij ieder mens en dier kan ontstaan. Ze kan veroorzaakt worden door zowel positieve als negatieve gebeurtenissen. Hoe lang men al in een bepaalde situatie zit of hoeveel keer men al met een bepaalde emotie geconfronteerd is geweest, zal bepalend zijn voor hoe die zich zal ontwikkelen naar de toekomst toe. Sommige mensen hebben een heel sterke controle over emoties, anderen daarentegen hebben heel gemakkelijk emotionele uitbarstingen die ze aan iedereen heel goed kenbaar willen maken. Het kan een kreet om hulp zijn, maar ook een manier van aandacht trekken. Het is altijd verstandig om professionele hulp te zoeken, want als je het gevoel hebt diep in de put te zitten, dan klim je daar niet een, twee, drie uit. Besef dat het nooit te laat is om hulp in te roepen, op welke manier je ook wenst geholpen te worden.

Het belangrijkste is dat je iedere vorm van emotie onder controle moet kunnen houden, wat niet altijd vanzelfsprekend is. Dat wil niet zeggen dat je niet mag huilen en je tranen niet mag laten vloeien, maar je moet jezelf naderhand wel kunnen herpakken. Wat je in je leven ook hebt meegemaakt, iedere vorm van verwerking heeft tijd nodig, waar je zeker recht op hebt om die te gebruiken. Het is echter niet de bedoeling dat je in die emotie blijft zitten door je hoofd de rest van je leven te laten hangen!

Stel jezelf even de vraag...
Is er een bepaalde emotie in jou die al een lange tijd aanwezig is en waar je nog steeds geen controle over krijgt? Vind je van jezelf dat je er al veel aan gedaan hebt om het probleem te achterhalen en op te lossen? Heb je jezelf misschien ook neergelegd bij een bepaalde situatie, ongeacht dat je er innerlijk helemaal niet gelukkig mee bent? Weet je welke vorm van emotie je leven beheerst en wil je die werkelijk onder controle krijgen? Tip: misschien heb je weleens een verkeerde keuze gemaakt, maar vergeet niet dat er nog altijd een mogelijkheid is om die te herzien.

Een nadenkertje: op het moment dat je jezelf niet meer als slachtoffer ziet maar als krijger, dan zul je op langere termijn de vruchten plukken die je uit je negatieve emoties hebt kunnen oogsten!

Belangrijk: als je baas wilt worden over je eigen emoties, dan zul je eerst je problemen onder ogen moeten durven te zien. Er zal zich daardoor een oplossing ontwikkelen. Hoe moeilijk het ook nog voor je kan worden, je zult zien dat je die innerlijke strijd kunt winnen!

Emoties die je zintuigen op verschillende manieren kunnen beïnvloeden

1. **Het gezicht** (zien):

Is het je al eens overkomen dat je jezelf eenzaam voelt en dat je je op een bepaald moment een beeld begint te vormen van iets wat je graag wilt doen? Dat beeld is een visualisatie en komt vanuit je innerlijke ik, het vormt een bepaald idee, een sterk verlangen naar iets wat je gerealiseerd wenst te krijgen. Het kan om iets heel kleins gaan, maar het weet je hart te raken, wat zowel op een positieve als op een negatieve manier kan gebeuren.

Stel dat je bijvoorbeeld alleen bent en dat je vier maanden geleden definitief verhuisd bent naar het buitenland. Op een bepaald moment voel je jezelf plots eenzaam en begin je je een beeld te vormen van het vijfjarige zoontje van je zus, dat ook je petekindje is. Je had met dat jongetje al vanaf het begin een heel hechte band, maar sinds de verhuis naar het buitenland heb je hem niet meer gezien. Je mist hem heel hard, waardoor je je spontaan een beeld begint te vormen alsof je samen met hem bent. Je kunt je dat beeld al bijna perfect voor de geest halen en in gedachten kun je zien hoe hij zou reageren als hij jou terug zou zien. Omdat het jouw petekindje is ga je dat beeld nog meer stimuleren, waardoor je jezelf al begint voor te stellen wat je allemaal met hem zou kunnen doen, zoals een dierentuin gaan bezoeken en nog veel meer. Het innerlijke gemis omdat je hem al vier maanden niet meer hebt gezien neemt zo sterk toe dat je onmiddellijk het eerste het beste vliegtuig wilt nemen om hem te gaan bezoeken. Het geeft je innerlijk een heel warm gevoel als je het besef hebt dat dat ook binnen je mogelijkheden ligt, waardoor je in werkelijkheid kunt glimlachen omdat die beelden jouw sterke verlangens kunnen realiseren. Maar als je genoodzaakt bent om nog drie maanden te wachten alvorens je hem kunt gaan bezoeken, zal het je geen werkelijke glimlach opleveren omdat die drie maanden gevoelsmatig een eeuwigheid zullen lijken. Het willen zien van die beelden die je visualiseert neemt plots sterk af op het moment dat je beseft dat je nog drie maanden geduld zult moeten hebben alvorens je je petekindje in werkelijkheid kunt gaan bezoeken, waardoor het op dat moment gevoelsmatig eerder een kwelling zal zijn.

2. De tastzin (voelen):

Iedereen heeft weleens meegemaakt dat je een persoon of dier hebt moeten afgeven waar je zielsveel van hebt gehouden. Zoals het spreekwoord zegt: de tijd heelt alle wonden. Toch ben ik ervan overtuigd dat het ook littekens achterlaat voor diegenen die zielsveel van de overledene hebben gehouden, die zowel een mens als een dier kan zijn. Herinneringen kunnen gevoelsmatig vreugde maar ook verdriet oproepen.

Stel dat je bijvoorbeeld een klein hondje hebt gehad sinds die pup was en dat je het na dertien jaar plots hebt moeten afgeven. Dat hondje heeft voor jou altijd veel betekend in je leven omdat het samen met jou van alles heeft meegemaakt en jou heel goed heeft gekend, waardoor het je spontaan kwam troosten wanneer je het nodig had. Je trouwste vriend die je altijd stond op te wachten wanneer je thuiskwam om je vriendelijk te begroeten, je aandacht vroeg en je liefdevolle likjes kwam geven werd je van de ene op de andere dag plots ontnomen, waardoor je met een leeg gevoel in je hart bent achtergebleven. Je denkt regelmatig terug aan je hondje, waardoor je hem iedere keer opnieuw ontzettend mist. Je zou terug willen gaan naar de tijd toen hij nog leefde, maar weet heel goed dat dat onmogelijk is en dat je verder moet. Je probeert moedig vast te houden aan de mooiste herinneringen aan dingen die je samen met je hondje hebt beleefd en die niemand ooit van je kan afnemen. Je probeert je sterk te houden door een nieuw doel in je leven te zoeken, al is het een ander dier, zodat je opnieuw je liefde kunt geven. Diep in je hart weet je immers heel goed dat je trouwste vriend niet liever zou wensen dan dat je opnieuw innerlijk zou stralen. Door dat besef kunnen je wonden van verdriet op de juiste manier genezen en ontstaan er natuurlijke littekens waar mooie herinneringen van vreugde achter schuilen, omdat je het verlies van de dierbare gevoelsmatig met een glimlach wenst af te sluiten. Die glimlach is maar klein en beperkt aanwezig, maar daarachter schuilt eeuwige liefde die dieper gaat dan je kunt verwoorden. Als je blijft treuren om iets wat je hebt moeten afgeven en niet tracht je hart opnieuw met liefde te vullen, dan ontstaat er een innerlijke eenzaamheid en sluit je alle deuren om je heen die je het geluk kunnen laten zien en tonen dat het ook anders kan. Daardoor zal iedere blik die je werpt naar het verleden als een messteek zijn die dwars door je hart gaat.

3. Het gehoor (horen):

Een stem van een persoon of een geluid van een dier kan een bepaalde emotie losmaken die je als een donderslag kan overweldigen, omdat je er niet altijd op voorbereid kunt zijn. In je hoofd kun je je bepaalde stemmen of geluiden nog precies voor de geest halen alsof de persoon of het dier naast je stond. Een gekende stem uit je verleden bijvoorbeeld kan je op een positieve manier voeden maar ook op een negatieve manier doen huiveren.

Stel dat je bijvoorbeeld heel veel jaren geleden een heel goede hartsvriendin hebt gehad met wie je zowel gelachen als gehuild hebt. Door omstandigheden zijn jullie elkaar uit het oog verloren. Ondertussen zijn er verschillende jaren voorbijgegaan, tot je in een winkel staat en je plots een stem hoort die je heel goed herkent. Op het moment dat je het hoort, kun je je oren bijna niet geloven en besteed je er niet onmiddellijk aandacht aan. Tot je die bekende stem opnieuw hoort en je toch eventjes heel goed om je heen kijkt om te zien waar die stem vandaan komt. Plots zie je een vrouw staan die je herkent uit het verleden, je twijfelt heel eventjes, tot ze ook naar jou kijkt en ook blijk geeft van herkenning. Op dat moment beslis je om iets tegen haar te zeggen en wordt het je ineens duidelijk. Je beseft dat deze persoon heel veel jaren geleden een heel goede hartsvriendin van jou is geweest. Je kunt je gevoelsmatig alles nog vrij goed herinneren, ook de dingen die ze tegen jou persoonlijk heeft verteld en die niemand ooit heeft geweten. Haar stem is je altijd bijgebleven en is weer op de voorgrond getreden op het moment dat je die stem opnieuw hoorde. Het is trouwens ook mogelijk dat als je iets negatiefs met iemand hebt meegemaakt, je de stem van die persoon ook nooit van je leven nog zult vergeten. Op het moment dat je zijn stem opnieuw hoort, huiver je innerlijk omdat je weet wat die persoon met je gedaan heeft. Door de onverwachtse confrontatie is het zelfs goed mogelijk dat er nog veel meer emoties opgeroepen worden die jaren geleden stilzwijgend zijn verdrongen geweest.

4. De smaakzin (proeven):

Smaken zijn verschillend maar één ding is zeker, iedereen houdt van lekker eten. Sommige mensen kiezen voor een gezonde en evenwichtige voeding waarin kwaliteit én kwantiteit uiterst belangrijk zijn. Dat betekent dat naast de drie belangrijkste voedingsstoffen koolhydraten, vetten en eiwitten ook vitaminen, mineralen en sporenelementen niet mogen ontbreken. Smaak kan op een positieve manier stimulerend werken, maar te veel of zelfs te weinig van het goede kan dan weer leiden tot een bepaalde obsessie, wat een negatieve uitwerking heeft.

Stel dat je bijvoorbeeld 's morgens opstaat en tegen 10 uur begint na te denken over wat je 's avonds wenst klaar te maken. Verschillende dingen passeren door je gedachten, tot je op een bepaald moment de smaak van bijvoorbeeld spaghetti al kunt proeven. Je begint daardoor al te watertanden, ook al is het nog een aantal uur te vroeg voor het avondeten. In werkelijkheid kun je die smaak al proeven, omdat je weet hoe jouw spaghetti normaal altijd smaakt. Het is namelijk je lievelingseten, wat je smaak nog sterker zal stimuleren, waardoor je er innerlijk vrolijker van wordt, want uitkijken naar iets lekkers stimuleert ook de geest. Op die manier is er nog niets aan de hand, zolang het maar geen obsessie wordt. Als je een drang krijgt naar bijvoorbeeld iedere dag veel snoep, dan kun je spreken over een verslaving, ook al lijkt het nog niet zo erg of is het nog maar in een beginstadium. Wees je er toch van bewust dat een verslaving heel onschuldig kan lijken maar daarom nog niet onschuldig is. Doordat je de hele dag met snoep bezig bent, kun je jezelf geestelijk zodanig negatief stimuleren dat je aan niets gezonds kunt en ook wilt denken. Iemand die je wil helpen zie je als iemand die zich met je leven wil bemoeien, terwijl hun doel werkelijk jou helpen is om je patroon van verslaving te kunnen doorbreken. Zelf zie je dat niet, omdat snoep iets is wat je de hele dag door in je mond wilt proeven omdat je jezelf wijsmaakt dat je dat zogezegd nodig hebt om gelukkig te kunnen zijn. Als je dan eerlijk bent met jezelf, voel je je niet gelukkig. Misschien wel op het moment dat je veel snoept, maar achteraf voel je jezelf helemaal niet lekker in je vel.

5. De reukzin (ruiken):

Iedereen kan bepaalde geuren herkennen, geuren die bijna dagelijks in ons leven voorkomen. Toch zijn er ook doordringende geuren die een mens alsook een dier niet graag ruikt, denk maar aan een persoon die al maanden een ziekte heeft en aan zijn bed gekluisterd is. Het lichaam van die persoon kan een doordringende geur afscheiden die enerzijds te maken kan hebben met de medicatie die hij inneemt maar anderzijds ook met het lichaam dat stervende is. Het is bewezen dat de meeste dieren ook veel beter kunnen ruiken dan mensen omdat hun reukzin veel beter en sterker ontwikkeld is.

Stel dat je bijvoorbeeld in een heel moeilijke verwerkingsperiode zit. Je voelt jezelf depressief en weet niet hoe je uit die diepe put kunt geraken. Op de een of andere manier ben je iemand die normaal gesproken van het leven kan genieten en ook ontzettend veel van de natuur houdt. Het is op dat moment een strenge winter en je hoopt dat het snel zomer mag worden, want ook dat kan een negatieve invloed hebben op je humeur. Enkele maanden later begint het eindelijk lente te worden en voor je het goed beseft is het opnieuw zomer. Aangezien je heel veel van de natuur houdt maak je regelmatig tijd om enkele wandelingen te maken in het bos of door de velden, als je maar buiten kunt zijn. Bij iedere wandeling die je maakt ontstaat er innerlijk een ontspannen gevoel dat je opnieuw leert genieten van alles om je heen. Het heeft niet alleen met het visuele aspect te maken, ook de geuren van de bomen, de bloesem enzovoort hebben een ongelooflijk positief effect op de geest van zowel mens als dier. Doordat je de geur van de natuur in jezelf kunt opnemen kom je automatisch in een heel ontspannen toestand waarin je jezelf één kunt voelen met de natuur. Het goede weer heeft namelijk op ieder mens en dier een positief effect. Geuren kunnen stimulerend werken en je innerlijk doen ontspannen. Iemand die zich innerlijk heel slecht voelt en bijvoorbeeld in aanraking komt met geuren die op een negatieve manier sterk overheersend zijn, zal zich daardoor zowel lichamelijk als geestelijk nog slechter beginnen voelen.

Naomi's advies:
Tracht jezelf niet dieper in de put te duwen door je negatieve gevoelens aan te moedigen. Je bent zelf verantwoordelijk voor wat je met je gevoelens doet en hoe je ermee omgaat. Ga op zoek naar mogelijkheden, naar oplossingen die je een andere kijk op het leven kunnen geven. Zorg dat je tijdig je emoties onder controle houdt, zodat je emmer niet overloopt. Wees ook niet te trots om hulp te vragen want vergeet nooit: iedereen heeft weleens hulp nodig. Werk aan jezelf door actie te ondernemen in je leven!

De kracht van je zintuigen ontwikkelen

Iedere persoon en ieder dier beschikt over krachtige zintuigen die een belangrijke rol kunnen spelen in je ontwikkeling, zowel op lichamelijk als op geestelijk gebied. Door bewust om te gaan met je zintuigen nemen je innerlijke krachten toe, waardoor het mogelijk is dat er een zesde zintuig in jou nog sterker kan ontwikkeld worden. De reden van deze sterke ontwikkeling is dat er een of meerdere zintuigen regelmatig op een krachtige en spirituele manier werden geprikkeld naar aanleiding van bijvoorbeeld een emotioneel zwaar leven dat men heeft geleid, of een aantal belangrijke dingen die men heeft moeten missen in het leven, of ook dat men op een korte tijd ontzettend veel heeft moeten incasseren. Een zesde zintuig begint zich namelijk nog sterker te ontwikkelen op het moment dat men uit bepaalde ervaringen iets positiefs heeft geleerd! Levenslessen hebben namelijk het meeste nut als je ze op de een of andere manier zelf meemaakt, zodat men weet waarover men spreekt. Als je daar dan een ander mee kunt helpen zodat die het leven ook in eigen handen kan nemen, dan zul je merken dat die negatieve ervaringen niet voor niets zijn geweest. De negatieve gebeurtenissen hebben je in ieder geval niet kleingekregen, met daarbovenop dat je een ander hebt kunnen helpen zichzelf niet op te geven en het negatieve geen overmacht te laten krijgen. Deze levenslessen zijn eigen ervaringen die waardevol kunnen zijn als je zelf het positieve wilt inzien, door niet te blijven trappelen op het moment zelf maar vooruit te durven kijken naar wat het leven nog allemaal voor je in petto kan hebben. Het besef dat het leven waardevol is en dat je je eigen geluk zelf moet maken is de kracht die je hebt, maar je moet ze willen gebruiken, want het geluk ligt namelijk in je eigen handen.

Sommige mensen zeggen weleens: 'Ik heb nooit liefde gehad, dus kan ik ook geen liefde geven.' Deze mensen hebben een uiterst belangrijke levensles niet geleerd, en dat is het besef wat het is om geen liefde écht gehad te hebben! Als men werkelijk het besef zou hebben van geen liefde gehad te hebben, dan zou men er alles aan doen om liefde onvoorwaardelijk te kunnen geven! Het leven draait namelijk niet alleen om jezelf, maar ook om bepaalde keuzes die je maakt. Als je bijvoorbeeld ervoor kiest om kinderen te nemen of ze zijn er nu eenmaal, neem dan je verantwoordelijkheid op, want ook zij hebben recht op jouw liefde. Indien je niet je best zou doen om je liefde te kunnen geven, maak je van hen slachtoffers, nét zoals jezelf. Je hebt dan duidelijk je levensles niet geleerd om het gemis om te kunnen zetten in een sterke liefde die het leven van jou en je kinderen veel gemakkelijker had kunnen maken en waarmee je hun hartjes zeker had kunnen verwarmen. Je koos er dan op dat moment voor om in de slachtofferrol te blijven zitten en van je eigen kinderen ook slachtoffers te maken. Misschien heb je wel geluk en hebben jouw kinderen wel hun levensles geleerd, zodat zij later als ze volwassen zijn ervoor zullen zorgen dat bijvoorbeeld hun partner of kinderen nooit die liefde zullen missen die ze zelf nooit hebben gehad. Het is een heel grote gok, die je niet zou mogen doen want je weet nooit hoe het afloopt. Het is ontzettend gemakkelijk om met de beschuldigende vinger te kunnen wijzen naar iemand die er verantwoordelijk voor is dat jij bijvoorbeeld geen liefde hebt kunnen geven, het zwarte schaap in je ogen, de schuldige van al je problemen, zodat je zelf niet verantwoordelijk hoeft te zijn voor je eigen gedrag en daden, wat uiteraard verkeerd is. Stop ermee te leven zoals *monkey see, monkey do*. Neem het heft in eigen handen, durf vooruit te kijken en besef dat je op ieder moment verantwoordelijk bent voor je eigen keuzes. Als je iets niet hebt gehad in je leven, wat het ook mag zijn, vergeet dan niet dat het uiterst belangrijk is om het gemis om te zetten in een bepaalde kracht die ervoor kan zorgen dat je je doel wel ontwikkelt, ondanks het feit dat je in je leven niet het juiste voorbeeld hebt gehad. Als je dat eenmaal kunt bereiken, dan zal je jezelf innerlijk trots voelen omdat je hiermee bewust hebt leren omgaan, zodat je de vruchten van voldoening zelf kunt plukken! Je mag supertrots op jezelf zijn, want je hebt ervoor gezorgd dat je uit iets negatiefs iets positiefs hebt geleerd, wat voor een ommekeer heeft gezorgd in het leven van je kinderen, maar ook naar jezelf toe.

De kracht van intuïtie is het bewust worden van je innerlijke gevoel, zodat je zintuigen zien, voelen, horen, proeven en ruiken op een gevoelsmatige manier kunnen ontwikkeld worden. Het kan gebeuren dat men bepaalde situaties meemaakt die voor een doorsneemens (iemand die niet paranormaal begaafd is) onmogelijk, ongeloofwaardig en onverklaarbaar zijn. Je kunt écht spreken van een sterk ontwikkeld zesde zintuig als jouw innerlijke kracht al je zintuigen zodanig gevoed heeft dat je bepaalde dingen in je leven meemaakt waar je niet met iedereen over kunt praten. Eenmaal je ook beseft dat je over een sterk zesde zintuig beschikt en dit begint zich te ontwikkelen, is er geen weg terug om het volledig uit te schakelen, want vroeg of laat word je er toch mee geconfronteerd. Het is dan ook een gigantische levensles om hiermee te leren omgaan, want het moeilijkste is vooral om de informatie die je via het zien, voelen, horen, proeven of ruiken mag ontvangen in de juiste context over te brengen door ze correct en gevoelsmatig te verwoorden zonder je eigen gedachten mee te delen. De ontwikkeling van een zesde zintuig gebeurt met vallen én opstaan omdat je uit al je fouten vooral iets moet leren, wil je er sterker in worden en anderen kunnen helpen. Vergeet nooit een heel belangrijke levensles: ***je kunt niet iets leren, als je geen fouten durft te maken!***

Een nadenkertje: de kracht zal in jou toenemen op het moment dat je beseft dat je ervoor kunt zorgen iets negatiefs in je leven niet meer toe te laten!

Belangrijk: je kunt de kracht van je zintuigen ontwikkelen door een persoonlijke analyse te leren maken. Het is belangrijk dat je begrijpt of je te maken hebt met situaties die iedereen kan meemaken of dat je met situaties te maken hebt die voor het menselijk verstand echt onverklaarbaar zijn. Iedereen beschikt over een zesde zintuig, maar bij de ene zal dat veel sterker ontwikkeld zijn dan bij de andere. Het maken van een persoonlijke analyse geeft inzicht in je innerlijke ik doordat je er bewust mee bezig bent, waardoor je zintuigen zien, voelen, horen, proeven en ruiken nog veel sterker kunnen ontwikkeld worden, zodat je bepaalde dingen ook veel scherper zult kunnen aanvoelen!

Analyseer de kracht van je zintuigen: zien, voelen, horen, proeven en ruiken

Zien:

Iedereen kan visualiseren, dat betekent je iets denkbeeldig voor de geest halen. Sommigen kunnen het beeld bijna in werkelijkheid zien, voor anderen is het eerder een wetendheid. Je hoeft je het beeld dus niet precies voor de geest te halen, ondanks dat het wel een hulpmiddel kan zijn aangezien je jezelf dan veel meer in een bepaalde situatie kunt inleven. Een visualisatie vormt een beeld, wat ook een gevoel met zich meebrengt. Hoe sterker we ons gevoel kunnen stimuleren, hoe meer we er ons bewust van worden en ook hoe doelbewuster we gaan leven. Dit betekent nog niet dat je helderziend bent.

Als je plots een beeld waarneemt over een persoon, dier of locatie dat je ontvangt via het zien en het later ook bevestigd kan worden dat het beeld dat je hebt gezien niet voor niets is geweest, dan kun je stellen dat je het beeld hebt ontvangen via je zesde zintuig het zien, aangezien het een beeld was dat niet iedereen met zijn eigen ogen kon waarnemen. Dat maakt van jou uiteraard nog geen medium (paragnost). Als je zulke situaties meermaals meemaakt, er controle over krijgt en het op ieder moment ook kunt benutten, dan kun je spreken over een zesde zintuig helderziendheid dat je als werkelijke noemer hebt, wat je een taak als medium kan opleveren. Je kunt dan met die helderziendheid andere mensen en dieren gaan helpen. Houd er rekening mee dat het ook een aantal levenslessen met zich zal meebrengen, omdat niet alle beelden die je zult zien aangenaam zullen zijn en daar zul je dan ook geestelijk (innerlijk) goed tegen opgewassen moeten zijn.

Voelen:

Een gevoel kan overweldigend zijn, zowel in positieve als negatieve zin. Stel je bijvoorbeeld de situatie voor dat je iemand tegenkomt die je nog nooit eerder hebt gezien. Soms kun je plots een gevoel krijgen, gevoelsmatig een waarschuwing krijgen dat je die persoon niet mag vertrouwen. Ook kan het gebeuren dat je onverwachts een gevoel krijgt dat iemand je wil verrassen en dat het later dan ook werkelijk gebeurt. Iedereen heeft namelijk weleens een bepaald gevoel, een intuïtie (een soort mensenkennis), die je kan helpen om op de juiste manier te handelen. Hoe meer je een gevoelsmens bent, hoe meer je van die sterke gevoelens zult krijgen als waarschuwing. Dit betekent niet automatisch dat je dan ook heldervoelend bent.

Indien je regelmatig gevoelens ontvangt die onverklaarbaar zijn en meestal ook ontvangen worden op momenten waarop je met iets totaal anders bezig bent en die naderhand angstaanjagend genoeg ook uitkomen, dan kun je misschien wel spreken over een zesde zintuig. Het voelen is namelijk een zintuig dat zeer sterk ontwikkeld is, waardoor je in staat bent om dingen aan te voelen die ook moeilijk te verklaren zijn. Iedereen voelt weleens iets aan, maar als het meermaals gebeurt en je probeert er iets aan te doen zodat je er beter mee kunt leren leven, zal het ook onmiddellijk duidelijk worden dat die heldervoelendheid mogelijk nog sterker kan toenemen vooral omdat je erbij stilstaat, er aandacht aan schenkt, waardoor dit zintuig verdrievoudigd verder zal ontwikkelen. Indien dit gebeurt, wordt het duidelijk dat het niet meer over een sterke mensenkennis gaat maar dat het veel dieper zit, en dat je dan kunt spreken van een sterk ontwikkeld zesde zintuig van heldervoelen dat je als noemer hebt en waarmee je dagelijks andere mensen kunt helpen. De kracht zit dan voornamelijk in je handen, waarmee je verschillende dingen kunt doen die je werk nog kunnen versterken. Je zou er dan voor kunnen kiezen om bijvoorbeeld reiki, acupunctuur, acupressuur, dieptemassages, fotoreadings enzovoort te geven, die dankzij je sterk ontwikkelde zesde zintuig je manier van werken nog zullen versterken. De moeilijkheid zit hem vooral in het juist verwoorden van die gevoelens en hoe je er geestelijk mee omgaat.

Horen:

Positieve geluiden zijn aangename geluiden die je in je gedachten kunt oproepen alsof je ze in werkelijkheid hoort. Denk maar eventjes aan het geluid van vogels zoals getjilp, het stromende water van een rivier enzovoort. Het zijn allemaal geluiden die ervoor kunnen zorgen dat je jezelf innerlijk leert ontspannen, door je bewust te worden van die rustgevende geluiden die je een gevoel van vrijheid kunnen geven en er ook voor kunnen zorgen dat je eventjes al je zorgen vergeet doordat je met je gedachten positief werd afgeleid. Negatieve geluiden zijn minder aangename geluiden die je innerlijk kunnen doen huiveren, zoals het geluid van een ontploffing, maar zelfs ook van bepaalde verpakkingen die open worden gescheurd en die je werkelijk kippenvel kunnen bezorgen. Het zijn allemaal geluiden die iedereen in zijn gedachten kan horen, maar dit heeft niets te maken met helderhoren, ondanks het feit dat die geluiden ook onverklaarbaar zijn omdat je ze in werkelijkheid niet hoort.

Een bepaalde emotie kan ervoor zorgen dat je geluiden kunt oproepen zonder dat je ze in werkelijkheid hoort. Die geluiden worden gevormd door een verlangen of angst die kan voortvloeien uit een bepaalde emotie. Als je bijvoorbeeld bepaalde informatie ontvangt via een stem die je op de een of andere manier kunt horen maar het iets anders klinkt dan je normaal gesproken hoort, dan kun je te maken hebben met een zesde zintuig helderhoren. Het zal vooral afhangen van hoe vaak je bepaalde dingen hoort op een bijzondere manier die anderen niet kunnen horen en of die informatie ook bevestigd kan worden, zodat je weet of het ook correct is wat je hebt gehoord. Sommige geluiden die je ontvangt via je zesde zintuig kunnen een bepaalde angst oproepen omdat het soms moeilijk is om te weten hoe je ermee moet omgaan. Het is dan ook een onderwerp waarover je niet dagelijks kunt praten met anderen, anders verklaren ze je al snel voor gek. Het is dan ook spijtig te weten dat sommige mensen daarvoor in een instelling zijn geplaatst omdat ze geluiden hoorden die anderen niet konden horen. Wie weet beschikten die mensen wel over een sterk ontwikkeld zesde zintuig betreffende het helderhoren en maakte dat hen niet abnormaal maar paranormaal. Het is dan ook jammer te beseffen dat sommige mensen daarvoor in een soort hokje zijn gestopt waar ze absoluut niet in thuishoren, aangezien ze mogelijk over sterk paranormale gaven beschikken en dus niet altijd geestesziek zijn. Het komt er dus op neer dat je innerlijk wel sterk genoeg moet zijn om ermee om te gaan en ermee te leren leven, zowel op lichamelijk als op geestelijk gebied.

Proeven:

Sommige smaken zijn veel scherper dan andere, gelukkig zijn smaken ook verschillend en betwistbaar. Toch zijn er mensen die graag alles proberen en fijnproevers zijn. Deze mensen verleggen hun grenzen door verschillende smaken uit te testen, zodat ze weten wat voor hen lekker en niet lekker is. Hun kennis geeft hen ook inzicht in hun manier van leven. Zij die geen smaken uittesten, leven ook veel eentoniger omdat ze zich graag vasthouden aan de dingen die ze kennen en die hun zekerheid bieden. Soms kan het gebeuren dat als je een bepaalde smaakt uittest, je die smaak al op voorhand in je mond kunt proeven alsof het echt is. Het is vanzelfsprekend dat iedereen bepaalde smaken op voorhand haarscherp kan proeven omdat je het bijvoorbeeld vroeger al eens geproefd hebt en dus ook weet hoe het werkelijk smaakt. Het is niet altijd leuk als je hiermee geconfronteerd wordt, zeker niet als je op dieet bent, want als je vaak vooraf iets lekkers proeft wat op dat moment niet goed voor je is en wat je heel graag lust, is die confrontatie ontzettend hard, waardoor je soms het dieet al zou willen opgeven, maar je zou net dán innerlijk (geestelijk) moeten volharden, want anders bereik je je doel niet. Die visualisatie van het proeven heeft ook niets te maken met een zesde zintuig betreffende het helderproeven, maar eerder met een innerlijke emotie, een sterk verlangen, je maakt jezelf wijs dat je die smaak écht nodig hebt, waardoor je al begint te watertanden.

Als je meermaals bepaalde smaken kunt proeven die achteraf ook telkens correct blijken te zijn, dan kun je spreken over een zesde zintuig betreffende de smaakzin. Stel dat je bijvoorbeeld plotseling bloed in je mond proeft. Je staat er eventjes bij stil en vraagt jezelf af waarom je bloed in je mond proeft. Op dat moment herinner je je dat je dringend naar de tandarts moet voor een jaarlijkse controle en dat er al twee maanden extra voorbij zijn. Tijdens de controle krijg je te horen dat er een wijsheidstand is opgedoken en dat die chirurgisch verwijderd dient te worden omdat hij voor een groot gedeelte onder een goede tand zit en ook een aantal van je andere tanden kan doen verschuiven eens hij helemaal zou doorkomen. In die situatie is het dus wel mogelijk geweest dat je het bloed al op voorhand in je mond proefde, terwijl je op dat moment nog niet eens wist dat er een wijsheidstand in je mond aanwezig was. Het is een bizarre situatie maar zeker geen onoverkomelijke, want het verklaart hier duidelijk dat je te maken hebt met een sterk ontwikkeld zesde zintuig van helderproeven dat je als noemer hebt.

Ruiken:

Is het je al overkomen dat je plots een bepaalde lekkere geur ruikt, bijvoorbeeld van frietjes, en dat je daardoor zin krijgt om 's avonds ook frietjes klaar te maken? Of heb je al meegemaakt dat je op weg bent naar een feestje en dat je plots een sterk verbrande geur ruikt die heel hard stinkt, waardoor je jezelf de vraag begint te stellen of je bijvoorbeeld het kookfornuis wel hebt afgezet? Iedereen kan bepaalde geuren ruiken die niet noodzakelijk iets te maken hebben met het menselijk reukorgaan en dus ook niet vast te leggen zijn. De mate waarin iemand intuïtief bewust leeft, zal bepalen of het gaat om een eenmalige situatie of een situatie die heel af en toe kan voorkomen, waarin je een waarschuwing mag ontvangen zonder een medium te hoeven zijn. De frietgeur die je bijvoorbeeld rook, kan een sterk innerlijk verlangen zijn of een bepaalde emotie waarin je verkeert, waarin je onderbewuste een bepaald signaal uitstuurt zodat je plotseling zin kunt krijgen in iets wat je voeding kan geven aan die bepaalde emotie. Wat betreft die verbrande geur is het mogelijk dat je een ingeving over een bepaalde geur mocht ontvangen, zodat je onderbewuste geraadpleegd wordt en oplettend wordt gemaakt, waardoor je automatisch begint na te denken of je niets bent vergeten te doen.

Uiteraard ligt het verschil in het feit dat iemand die een medium is te allen tijde bepaalde dingen op voorhand kan ruiken, zowel positieve als negatieve zaken, doordat hij er veel meer bewust mee bezig is, zich daarover ook uitspreekt naar de buitenwereld toe en niet anders gewoon is dan dingen te ruiken die onverklaarbaar zijn maar die wel steeds innerlijk een diepe indruk achterlaten. Als je deze situatie regelmatig ervaart en er op de juiste manier mee weet om te gaan, heb je een sterk ontwikkeld zesde zintuig betreffende het helderruiken. Je kunt zo'n zintuig ook nooit helemaal uitschakelen. Je kunt wel proberen het te negeren, maar op een bepaald moment zul je merken dat je innerlijke ik, je intuïtie de bovenhand krijgt, waardoor je automatisch bepaalde dingen over het helderruiken zult beginnen te vertellen zonder dat je er eigenlijk iets over wilde vertellen. Het is zoals Moeder Natuur: iets wat écht in jou aanwezig is kun je immers nooit volledig voor de buitenwereld én jezelf verbergen, al doe je nog zo hard je best. Je zult ermee moeten leren leven door er op de juiste manier mee om te gaan.

Al geloof je niet in de kracht van een zesde zintuig, stel jezelf er toch voor open, want je hebt niets te verliezen terwijl je net heel veel te verliezen hebt als je jezelf er niet voor openstelt. Soms moeten mensen eerst iets heel dramatisch meemaken voor ze hun ogen openen en ze zich keren tot hun innerlijke ik, waaruit plots een bepaald geloof kan ontstaan waaruit ze veel kracht kunnen putten en dat hen door hun proces kan helpen. Vergeet ook niet tot jezelf te keren op momenten waarop je het niet nodig hebt maar dankbaar bent voor het leven, want het is beter voorkomen dan genezen. Wees bewust, leef bewust, wees dankbaar!

De innerlijke kracht van mens en dier

Het leven kan voor sommige mensen en dieren ontzettend zwaar zijn. Niet iedereen heeft het geluk gezond te zijn, een goede thuis te hebben, oprechte liefde te ontvangen, financiële zekerheid te hebben enzovoort. Wat men ook heeft meegemaakt in het leven, het is belangrijk te weten dat geen enkele situatie met een andere vergeleken kan worden, ook al heb je bijvoorbeeld een aantal gelijkaardige gebeurtenissen meegemaakt. Soms ligt de verantwoordelijkheid bij jezelf, waardoor je een aantal negatieve dingen op je weg bent tegengekomen, uiteraard kan de oorzaak ook bij anderen liggen. Het zijn soms harde levenslessen die we moeten leren, maar eens je een bepaalde les eruit getrokken hebt, zul je merken dat je innerlijk bent gegroeid, hoe negatief de situatie ook voorheen was. Het is niet fijn om van negatieve dingen het positieve in te moeten zien, maar eens je dat kunt, zul je merken dat je een innerlijke evolutie meemaakt, een groei van je ziel die door bepaalde gebeurtenissen een sterke wijsheid heeft ontwikkeld.

Ieder mens en dier heeft een innerlijke kracht die je niet mag onderschatten. Er wordt nogal eens gemakkelijk gezegd: ik ben niet sterk, ik kan dat niet aan, ik heb niet die kracht die jij hebt enzovoort. Argumenten die nogal vlug uit ieders mond kunnen vloeien maar waar absoluut geen waarheden achter schuilen. De innerlijke kracht van mens en dier kun je in drie grote groepen indelen:

- Groep 1: *De kracht van de wijsheid*
- Groep 2: *De kracht van de vaststelling*
- Groep 3: *De kracht van de adrenaline*

Deze drie grote groepen zijn heel verschillend van elkaar, als je bedenkt dat groep 1, *De kracht van de wijsheid*, vooral te maken heeft met de levenslessen die men de voorbije jaren heeft geleerd door de juiste handelingen toe te passen, er vooral het positieve uit te halen, waardoor men een ongelooflijke innerlijke kracht heeft kunnen ontwikkelen. Als we dan naar groep 2 kijken, *De kracht van de vaststelling*, dan hebben we vooral te maken met een momentopname van een bepaalde gebeurtenis die zowel positief als negatief kan geweest zijn, waardoor je op de een of andere manier bijna 'perfect' gaat reageren zonder te beseffen wat er zich precies heeft afgespeeld. Als laatste is er dan nog groep 3, die zeker niet onbelangrijk is: *De kracht van de adrenaline*, die te maken heeft met een soort innerlijke knop, die je dan omzet om een bepaald doel te kunnen bereiken naar aanleiding van een bepaalde wens, een emotie die ontstaan kan zijn uit zowel een positieve als een negatieve gebeurtenis.

We zullen deze drie grote groepen voor alle duidelijkheid goed schetsen. Je zult zien dat je al meermaals te maken hebt gekregen met de innerlijke kracht van je eigen ik. Op het moment dat deze situaties duidelijk voor je zijn, zul je meer beseffen met welke kracht je ook het meest te maken zult hebben in je verdere leven. Door er je bewust van te worden kun je op de juiste manier aan jezelf werken, zodat je bewuster leert leven. Dat kun je doen door bij bepaalde dingen te leren stilstaan en ook niets vanzelfsprekend aan te nemen, door jezelf vooral nooit meer te onderschatten maar te beseffen dat je eigenlijk de bezitter bent van een ongelooflijke innerlijke kracht, al moet je die misschien nog wel veel beter leren ontwikkelen.

- Groep 1: ***De kracht van de wijsheid***

Voorbeeld

Stel je voor dat je een zware jeugd hebt meegemaakt en dat je nooit echt kind bent kunnen zijn omdat je al van jongs af aan voor je broertjes en zusjes hebt moeten zorgen en huishoudelijke taken hebt moeten verrichten, waardoor er geen tijd was om je als kind te kunnen gedragen, laat staan te kunnen functioneren. Je ouders maakten veel ruzie en als kind heb je dan ook heel veel dingen zien gebeuren, die als littekens voor eeuwig in je ziel gegrift staan omdat je die beelden nooit van je leven nog zult kunnen vergeten. Die negatieve dingen hebben je getekend voor de rest van je leven, maar je wilt niet toelaten dat je jezelf zou gedragen als een van je ouders. Je hebt een duidelijke les geleerd en dat is hoe je het niet wenst in je leven, hoe het niet mag zijn. Je wilt je eigen kinderen wel dingen leren zodat ze ook kunnen helpen in het huishouden, maar tegelijkertijd moeten ze nog steeds kind kunnen zijn, omdat je beseft dat die kinderjaren later nooit meer terugkomen.

Naomi's reactie:

Dit is een duidelijke situatie die aantoont dat het ook anders kan, ondanks dat men niet het juiste voorbeeld heeft gehad in het leven. Men vecht innerlijk tegen alle negatieve dingen die men heeft meegemaakt, omdat men een belangrijke levensles heeft geleerd en dat is het besef dat men niet zo wil worden maar dat men een goed voorbeeld wenst te zijn. Het is de enige manier om innerlijk écht gelukkig te kunnen worden en veel voldoening te ervaren als je kunt zien dat jouw uitstraling van geluk je kinderen ook écht gelukkig maakt.

Naomi's advies:
Als je op een positieve manier wilt vooruitkomen in je leven, is het heel belangrijk dat je niet blijft achteromkijken naar de negatieve dingen die je allemaal hebt meegemaakt. Tracht het negatieve om te zetten in het positieve, zodat je niet op dezelfde manier gaat handelen of je leven op *on hold* zet, waardoor het gevaar bestaat dat je je in jezelf gaat keren en je je zult afsluiten van de buitenwereld, want ook dan zul je nooit écht gelukkig kunnen worden. Dit komt omdat je dan niet leeft maar bij de pakken blijft neerzitten en beslist om in de slachtofferrol te blijven zitten en je je innerlijke kracht niet gebruikt.

Naomi's tip:
Doe jezelf en een ander nooit aan wat jezelf is aangedaan geweest, want anders ben je geen haar beter. Wijs niet steeds met de beschuldigende vinger naar een ander als excuus, maar besef dat jij het tij kunt doen keren als je dat wenst. Kortom, sta stil bij je innerlijke ik, werk aan jezelf en besef dat het nooit te laat is om iets in te zien en je leven te verbeteren.

Tot slot:
Wat je ook hebt meegemaakt in je leven, zorg dat als je merkt dat je fout bezig bent, je daar ook iets aan doet door aan je lichaamstaal te werken, zowel innerlijk als uiterlijk. De bedoeling is dat je uit al de negatieve ervaringen die je hebt meegemaakt iets leert door er vooral sterker uit te ko-

men. Ook uit al de positieve ervaringen die je hebt beleefd moet je iets leren door het positieve te blijven stimuleren, zodat in beide richtingen de juiste voeding wordt verkregen voor je eigen ontwikkeling, die je kunt benoemen als *de kracht van de wijsheid.*

Belangrijk: als je kunt merken dat je uit een bepaalde situatie veel sterker bent gekomen, dan heb je *de kracht van de wijsheid* ervaren, doordat je de juiste levenslessen hebt geleerd en die op een positieve manier hebt weten te stimuleren. De rijpheid van je ziel (je innerlijke ik, dat wat onvergankelijk is) heeft te maken met het aantal levens dat je ziel in een stoffelijk lichaam op aarde al heeft geleefd. Hoe meer levens, hoe rijper, ouder en wijzer je ziel is geworden, waardoor die sneller bepaalde lessen zal leren op de juiste manier. Hoe jonger de ziel is, hoe moeilijker het zal zijn om bepaalde lessen onder de knie te krijgen.

- Groep 2: ***De kracht van de vaststelling***

Voorbeeld

Stel je eens voor dat je tijdens de afwas het water plots langzaam rood ziet worden, waardoor je onmiddellijk je handen uit het water haalt en begint na te kijken of je jezelf ergens pijn aan gedaan hebt. Op dat moment zie je een grote snee aan je rechterwijsvinger en merk je dat er een gebroken glas in je afwaswater ligt. Je vinger begint branderig aan te voelen op het moment dat je hebt waargenomen dat je jezelf hebt gesneden. Je haalt eerst het gebroken glas uit het water en het stukje scherf dat je erin ziet liggen en beslist dan om je vinger te verzorgen door die eerst te ontsmetten en er een pleister op te doen. Daarna doe je verder de afwas. Terwijl je opnieuw aan het afwassen bent, voelt je gekwetste vinger nog steeds opvallend geïrriteerd en branderig aan. Treffend is dat je jezelf misschien enkele minuten voordien al had gesneden maar dat je er verder niets van hebt gemerkt, tot het moment dat het water begon te verkleuren en je je gekwetste vinger zag.

Naomi's reactie:
Innerlijke krachten zijn krachten die we kunnen voelen en uiterlijke krachten zijn krachten die we kunnen waarnemen. Het is dan ook opmerkelijk dat je de pijn pas voelde op het moment dat je ogen die pijn hadden waargenomen. Je kunt dan spreken van een bepaalde hersenactiviteit die pijn voelbaar maakt op het moment dat men er zich van bewust wordt. De innerlijke kracht kon op dat moment zo sterk geweest zijn dat je mogelijk niet eens had gevoeld dat je jezelf gesneden had als het water niet verkleurd was geweest. Je bent dus duidelijk in staat om bepaalde pijnen uit te stellen.

Naomi's advies:
Confronteer jezelf niet te veel met de dingen die moeilijk of totaal niet meer gaan in je leven door bepaalde gezondheidsproblemen, pijn of andere mogelijke oorzaken. Concentreer je daarom vooral op alles wat je nog wel kunt en waar je nog veel van kunt genieten, al is het in beperkte mate. Het is mogelijk dat je misschien een aantal dingen moet aanpassen of je leven over een andere boeg moet gooien, zodat je op een andere manier met het leven zult omgaan, in de hoop dat je eindelijk leert leven. Je innerlijke kracht is altijd in jou aanwezig, ook al voel je die misschien niet altijd. Zorg ervoor dat je ze kunt raadplegen op het moment dat je het nodig hebt, zodat je innerlijke kracht de bovenhand krijgt en je kan sturen in je verdere leven.

Naomi's tip:
De innerlijke kracht heeft ook te maken met het geestelijke gedeelte, en de uiterlijke kracht met het lichamelijke gedeelte. Tracht controle te hebben op zowel het innerlijke als het uiterlijke door in evenwicht te geraken tussen je denken, voelen en handelen. Zorg ervoor dat deze drie zaken in wat je wenst te veranderen of te bereiken in die volgorde stapsgewijs tot een prachtig resultaat mogen leiden.

Tot slot:
Zorg ervoor dat je je leven onder controle hebt, zodat je trots kunt zijn op *de kracht van de vaststelling*, omdat je daardoor impulsief zult reageren waardoor je automatisch je grenzen leert verleggen. Soms moet je eens stilstaan bij je leven en jezelf afvragen: wat kan ik aan mijn leven veranderen zodat ik innerlijk nog gelukkiger kan worden? Onthoud een héél belangrijke levensles: je krijgt niet alle dagen de kans om op een gezonde manier te kunnen genieten van alle kleine dingen om je heen, want soms kan het té laat zijn om een beslissing te nemen die je leven eindelijk had kunnen veranderen.

Belangrijk: als je merkt dat je soms impulsief reageert en dingen aanpakt om je leven te verbeteren omdat je vooruit wilt komen, dan kun je spreken van *de kracht van de vaststelling*. Je bent ervan overtuigd dat niemand je kan tegenhouden waardoor je op bepaalde momenten impulsief zult reageren, wat niet negatief is, want je weet meestal wel wat je wilt in het leven. Als je controle kunt krijgen over je innerlijke kracht kun je tevens controle krijgen over je emoties, waardoor je je leven gecontroleerd in handen hebt en vergeet nooit: er is niemand die jouw leven beter kan leiden dan jijzelf. Impulsief reageren en geen blad voor de mond nemen wijst meestal op iemand die een oude ziel heeft. Dit is niet van toepassing op personen die onevenwichtig zijn, enkel op personen van wie je merkt dat ze met beide benen stevig op de grond staan en écht gelukkig zijn.

- Groep 3: ***De kracht van de adrenaline***

Voorbeeld

Stel je maar eens voor dat je een hond hebt en dat je die iedere dag in de tuin zet als je gaat werken. Op een dag kom je zoals gewoonlijk thuis rond 18 uur en komt je hond je speels en vriendelijk begroeten. Enkele minuten later begint hij ontzettend gek rond te lopen en plots gaat hij naar de omheining, waar hij blijkbaar een put heeft gegraven, iets wat hij normaal gesproken nooit doet en wat je ook niet onmiddellijk was opgevallen. Voor je het beseft, gaat hij er vandoor. Je roept zo hard je kunt, maar hij heeft er geen oren naar. Je holt hem als een gek achterna, waarbij je hem tot je grote geluk uiteindelijk kunt vangen. Je bent heel eventjes boos op hem, maar anderzijds ben je ook ontzettend gelukkig hem terug te hebben. Je hebt de schrik van je leven gevoeld, de gedachte dat er iets met hem zou kunnen gebeuren en dat je hem misschien nooit meer terug zou zien heeft ervoor gezorgd dat je op dat moment een adrenalinestoot hebt ervaren waardoor je zo snel kon lopen, net als een soort opkomende wervelwind. Al ben je misschien nooit de sportiefste geweest, op dat moment kon je daar niets van merken, alsof je het gewoon was een marathon te lopen. Je voelde geen pijn, je was zelfs niet moe toen je zo hard had gerend, wat je normaal gesproken wel zou moeten zijn na zo'n intensieve inspanning. Je voelde een ongelooflijke kracht door je hond die was weggelopen, een negatieve situatie die gelukkig positief eindigde.

Naomi's reactie:
Deze beangstigende situatie toont aan dat men op de juiste manier kan reageren, ook al was een negatieve gebeurtenis de aanleiding. Sommige mensen beschikken duidelijk over een zeer goed reactievermogen waardoor men gemakkelijker grenzen kan verleggen om doelen te kunnen bereiken, in dit geval was het doel je hond weer te pakken te krijgen. Doordat het zo'n belangrijk doel was geworden zag je maar één ding voor ogen en dat was je hond, waardoor je een sterke adrenalinestoot hebt ervaren die alle mogelijke gewaarwordingen of zelfs pijn op dat moment heeft kunnen uitschakelen.

Naomi's advies:
Profsporters, zoals tennissers, hebben een sterke controle over hun innerlijke kracht waardoor ze tijdens de wedstrijd hun verstand op nul kunnen zetten om een overwinning in de wacht te kunnen slepen. Dit maakt duidelijk dat het niet slecht is om bijvoorbeeld een bepaalde sport te beoefenen, zodat je op die manier ook je grenzen leert verleggen en controle leert krijgen over je innerlijke kracht. Bij iedere serieuze sportieve inspanning kun je regelmatig een adrenalinestoot ervaren die je de juiste voeding geeft voor lichaam en geest, zodat je er innerlijk alleen maar nóg sterker van kunt worden.

Naomi's tip:
Wees je ervan bewust dat er verschillende manieren zijn om aan je reactievermogen te werken, mocht dat niet optimaal zijn. Je kunt je reactievermogen verbeteren door dingen te gaan uittesten, waardoor je zelfvertrouwen groeit en je vroeg of laat toch correct gaat reageren en handelen. Denk maar even aan een opleiding EHBO, waar ook ongevallen in

scène worden gezet om te testen of de cursisten bekwaam zijn en de leerstof zowel in theorie als in de praktijk voldoende hebben geleerd en kunnen toepassen.

Tot slot:
Adrenaline is een bundeling van innerlijke krachten, die gebundeld worden naar aanleiding van een bepaalde wens of emotie en als een soort explosie naar buiten treden om een bepaald doel te kunnen bereiken. Je kan hier wél stellen dat het denken, voelen en handelen duidelijk in evenwicht zijn, aangezien een adrenalinestoot gelijk is aan een impulsieve reactie die vanuit je innerlijke ik ontstaat. Mensen die impulsief reageren houden meestal ook van adrenalinekicks, ze zoeken bepaalde dingen op om regelmatig het gevoel van die kick te kunnen ervaren. *De kracht van adrenaline* kan innerlijk (geestelijk) heel veel voldoening geven.

Belangrijk: niet alleen mensen kunnen *de kracht van adrenaline* ervaren maar ook dieren. Denk maar eventjes aan een reu die o zo graag een teefje wil dekken: die hond weet op dat moment met zichzelf geen blijf en ervaart een sterke adrenalinestoot, die naar mijn gevoel meer te maken heeft met zijn driften. Toch heeft het ook te maken met adrenaline, maar wel naar aanleiding van heel veel *goesting* ☺. Tja, zoals ik al eerder heb vermeld, hoeft het niet altijd naar aanleiding van een negatieve gebeurtenis te zijn, hé ☺. Het belangrijkste is vooral dat je moet beseffen dat je naar aanleiding van zowel een positieve als een negatieve gebeurtenis elk realistisch doel kunt bereiken door nooit de hoop op te geven en er steeds voor te blijven gaan. Ik heb me ook meermaals de volgende vraag gesteld: als mensen in staat zijn om hun doelen te bereiken wanneer er iets negatiefs gebeurt, waarom kunnen ze hun doelen dan niet bereiken alvórens er iets negatiefs gebeurt door hun doelen voorop te stellen en niet af te wachten tot het schip zinkt of tot ze het onverwachts moeten verlaten.

De kracht van voorgevoelens en ingevingen:

De betekenis en het doel van het voorgevoel

Iedereen maakt in zijn leven weleens mee dat je plotseling een voorgevoel krijgt dat er je iets te wachten staat, een waarschuwend gevoel dat je innerlijk ontvangt dat er iets gaat gebeuren. Soms kan het gevoel ontstaan naar aanleiding van een idee, dat je spontaan ontvangt als een soort bezieling, een bepaalde inspiratie, een onverwachts opkomende gedachte die op dat moment je innerlijke gevoel kan overheersen, afhankelijk van hoe je met die informatie omgaat, natuurlijk. Al die voorgevoelens of ingevingen die je mag ontvangen zijn een vorm van sterke vibraties die meestal op een totaal onverwachte manier je innerlijke ik plotseling kunnen overweldigen, waardoor er een bepaalde angst kan ontstaan, een emotie die positief alsook negatief kan zijn, een bezorgdheid naar jezelf of anderen toe, een vorm van inspiratie die je inzichten (oplossingen) kan bieden en nog zoveel meer.

Als je spreekt over voorgevoelens, heb je eerder te maken met het innerlijk ontvangen van sterke gevoelens, die mogelijk via de verschillende zintuigen zien, voelen, horen, proeven of ruiken onverwachts gevoelsmatig kunnen ontvangen worden. Als je spreekt over ingevingen, heb je eerder te maken met het innerlijk ontvangen van doordringende informatie die opkomt als een onverwachte gedachte, waardoor je gevoelsmatig minder te maken krijgt met het zien, voelen, horen, proeven of ruiken. Voor deze twee krachtige bronnen van gevoelens en informatie kan mens noch dier zich afsluiten. Iedere persoon en ieder dier kan via voorgevoelens en ingevingen heel belangrijke meldingen ontvangen die nuttig kunnen zijn voor zichzelf of een ander, maar eveneens als levensles kunnen dienen.

Niet iedereen besteedt aandacht aan voorgevoelens of ingevingen omdat ze meestal vluchtig de gedachten passeren, waardoor we ze even later al snel vergeten zijn. Op het moment dat er dingen gebeuren wordt je onderbewuste hiervan bewust gemaakt, waardoor je je plotseling ook een aantal dingen kunt herinneren die je vroeger gevoelsmatig of als informatie hebt mogen ontvangen, maar waar je toen verder niets mee gedaan hebt. Soms kan je schrikken door het besef dat je ervan op de hoogte was maar op een manier die moeilijk te verklaren is, wat trouwens een moeilijk onderwerp is om tegen 'Jan en alleman' over te vertellen. Meestal zijn die voorgevoelens of ingevingen niet altijd duidelijk, omdat je het niet gewoon bent om ermee om te gaan.

De betekenis en het doel van voorgevoelens en ingevingen is vooral dat je je er eerst bewust van moet worden en ernaar moet leren luisteren, omdat het soms heel belangrijk voor jezelf of een ander kan zijn. De meldingen die je mag ontvangen via voorgevoelens of ingevingen gebeuren nooit zonder reden. De bedoeling is dat de andere wereld, gene zijde, via die meldingen jou iets duidelijk wenst te maken, zodat je voorbereid kunt zijn op wat er gaat komen. Het is mogelijk dat die meldingen op voorhand iets kunnen tegenhouden doordat je gewaarschuwd bent geweest, op voorwaarde dat je er dan ook iets mee doet, want door te zwijgen kun je uiteraard ook niets voorkomen. Het moeilijkste is vooral een onderscheid te leren maken tussen je eigen gedachten en de werkelijke voorgevoelens en ingevingen die je van gene zijde mag ontvangen, omdat een bepaalde angst, emotie enzovoort al die meldingen (vibraties) kan manipuleren en in een andere richting sturen, waardoor je er niet honderd procent zeker van kunt zijn of die meldingen correct ontvangen zijn geweest. Je komt er dan meestal ook pas achter op het moment dat er iets gebeurt wat je vooraf hebt aangevoeld of ingegeven gekregen. Je kunt er ook bijna zeker van zijn dat indien je voorgevoelens of ingevingen automatisch mag ontvangen, dit meestal gebeurt op een moment waarop je met iets totaal anders bezig bent. Zo merk je dan dat die meldingen van gene zijde zijn gekomen en niets te maken hebben gehad met je eigen gedachten.

Het doel is dat je geestelijk veel sterker leert worden door met die meldingen die je hebt mogen ontvangen ook iets te doen. Op die manier leer je intuïtief sterker aanvoelen omdat je jezelf ervan bewust maakt dat het op de een of andere manier toch een reden heeft waarom iets gebeurt. Het is net zoals een wake-upcall, je wordt wakker geschud om iets te ondernemen. Daardoor kun je meermaals een 'bewijs' ontvangen dat je duidelijk maakt dat er werkelijk meer bestaat tussen hemel en aarde en dat je er nooit alleen voor staat. Het op de juiste manier omgaan met voorgevoelens en ingevingen zorgt ervoor dat je steeds meer meldingen van gene zijde mag ontvangen omdat je jezelf daarvan bewust maakt, ervoor openstelt en er echt iets mee doet.

Goed om te weten:
Wees er dankbaar voor dat je via die weg soms op de hoogte kunt gebracht worden door gene zijde. Gene zijde tracht

zich duidelijk te maken door verschillende vibraties uit te zenden die ook iedereen kan ontvangen zonder een medium te hoeven zijn. De ervaringen die je ziel in voorgaande levens en in dit leven heeft opgedaan, zullen bepalen hoe dikwijls gene zijde je voorgevoelens en ingevingen laat ontvangen. Voor iedere persoon brengt het ook de nodige levenslessen mee die men nodig heeft om zich innerlijk nog meer én beter te kunnen ontwikkelen. Dieren kunnen ook voorgevoelens en ingevingen ontvangen. Dat komt vooral omdat ieder dier ontzettend spiritueel aangelegd is, zonder dat het iets moet leren in zijn leven. Een dier kan dan ook een héél belangrijke aanvulling zijn in het leven van een mens. Het leert je liefde geven, liefde ontvangen, ontspanning nemen en je innerlijke ik tonen zodat je zowel je vreugde als verdriet kunt laten zien, omdat een dier ervoor zorgt dat je masker van je gezicht valt en je daardoor veel bewuster leert omgaan met het leven.

Belangrijk: gene zijde heeft de kracht alsook de macht om je op ieder moment van de dag een voorgevoel of ingeving te laten ontvangen, maar soms moet je het ook verdienen. Daarom is het belangrijk dat je niet steeds vragende partij bent als je iets nodig hebt, maar eveneens stil leert staan om gene zijde vanuit je innerlijke ik te bedanken, door je ziel te laten spreken en innerlijk een aantal positieve dingen in je leven op te noemen, door diep in jezelf te graven en je bewust te worden van de kleine dingen waarvoor je dankbaar zou moeten zijn.

In de volgende drie onderwerpen zul je er steeds bewuster van gemaakt worden vanwaar die voorgevoelens en ingevingen komen. Met verschillende interessante voorbeelden zal duidelijk aangetoond worden op welke manier je deze vibraties een plaats in je leven kunt geven. Ook zullen de nadelen besproken worden indien je die belangrijke bron van meldingen zou negeren!

De kracht van voorgevoelens en ingevingen:

Vanwaar komen die voorgevoelens?

Voorgevoelens en ingevingen die mensen en dieren kunnen ontvangen worden altijd gestuurd vanuit het hiernamaals, gene zijde genoemd. In de volksmond wordt er ook gesproken over de andere zijde, de overzijde, het hogere, de hemel enzovoort. Het maakt niet uit welk woord je eraan geeft, als het maar te maken heeft met een niet-aardse wereld, een niet-aards bestaan! Gene zijde is een héél grote locatie, denk bijvoorbeeld maar aan de hemel, waar alle zielen van mens en dier aanwezig zijn, die uiteraard geen stoffelijk lichaam meer hebben. Dat betekent dat ze op aarde overleden zijn en hun stoffelijk lichaam, ook capsule genoemd (die trouwens vergankelijk is), hebben achtergelaten.

Op het moment dat ze geen stoffelijk lichaam meer hebben, kun je spreken over menselijke of dierlijke lichtwezens. Dat komt omdat hun ziel zal schijnen in een uiterlijke vorm zoals je de persoon of het dier hebt gekend. Op die manier kunnen ze zich zichtbaar maken voor een medium, dat deze lichtwezens kan waarnemen via helderziendheid. Uiteraard kan iedereen weleens een lichtwezen waarnemen zonder een medium te hoeven zijn. Het verschil met een medium is dat deze persoon het vermogen heeft om op ieder moment lichtwezens te kunnen waarnemen via een goed ontwikkeld derde oog, dat al vanaf de geboorte voor een groot deel ontwikkeld was. Bij een medium werd het derde oog al in de babytijd continu gestimuleerd, zodat tijdens de opgroeifase het innerlijke verdrievoudigd kon ontwikkelen, met mogelijk harde levenslessen die hij moest ondergaan. De reden waarom je als mens geboren wordt met een reeds goed ontwikkeld derde oog heeft vooral te maken met de ervaringen die je ziel uit zijn vorige levens heeft opgedaan door de juiste levenslessen geleerd te hebben, waardoor de ziel op de juiste manier spiritueel gevoed is geweest door eigen ervaringen, wijsheden die alleen maar gevoelsmatig uit te leggen zijn. Niet alle mensen worden dus geboren met een reeds goed ontwikkeld derde oog, in tegenstelling tot dieren, die worden er wel mee geboren. Dat komt omdat dieren spiritueel sterk ontwikkelde wezens zijn, wat het grote verschil is met mensen, want die hebben nog verschillende levenslessen te leren in het leven. Dieren, die dus worden geboren met vanzelfsprekend een goed ontwikkeld derde oog, kunnen zich uiteraard ook nog iets sterker ontwikkelen. Bij wie ze terechtkomen en hoe hun baasje met hen omgaat, bepaalt hoe ze zich verder geestelijk zullen ontwikkelen, hopelijk op de juiste manier door de juiste opvoeding én met de juiste inhoud.

Ondertussen weet je dat lichtwezens dus niet aards zijn, maar eigenlijk zielen zijn zonder een stoffelijk lichaam. Als je spreekt over zielen op aarde, dan heb je het over zielen die gesetteld zijn in een stoffelijk lichaam en dus uiteraard nog levend zijn. Het woordje ‘zielen’ kan dus in twee richtingen een betekenis hebben. De voorgevoelens en ingevingen die je als mens en dier dus kunt ontvangen komen zoals je weet vanuit het hiernamaals, gene zijde, *maar* dit wél in de ruimste betekenis van het woord!

Aan gene zijde leven ontzettend veel lichtwezens, zielen die jij op aarde als mens of dier hebt gekend, maar er zijn ook veel zielen die jij niet hebt gekend, of misschien zonder dat je het zelf beseft ontmoet hebt in een van je vorige levens, wie weet? Besef dat menselijke en dierlijke lichtwezens op meerdere plaatsen tegelijkertijd kunnen zijn. **Onthoud voor de rest van je leven:** de ziel van mens en dier is onsterfelijk, enkel het stoffelijke is sterfelijk!

Je kunt dus voorgevoelens en ingevingen ontvangen van gene zijde, zowel van menselijke als dierlijke zielen, maar ook van zielen die blijven hangen zijn tussen hemel en aarde en niet op de juiste plek zijn terechtgekomen, namelijk gene zijde. De reden waarom zielen kunnen blijven hangen tussen hemel en aarde heeft vooral te maken met de manier waarop en hoe snel ze zijn gestorven, wat ik uitvoerig besproken heb in mijn tweede boek, *De glimlach van de ziel*.

Sommige zielen tussen hemel en aarde of aan gene zijde kunnen er persoonlijk de behoefte aan hebben, mits de toelating van hogere zielen (zielen die al verder ontwikkeld zijn aan gene zijde), om jou te begeleiden. Ze kunnen ook de opdracht gekregen hebben om jou te begeleiden, doordat ze ervoor moeten zorgen dat jij een intens gevoel mag ontvangen of informatie die je nodig hebt op aarde om er iets uit te leren. Het is mogelijk om van meerdere lichtwezens (zielen aan gene zijde) voorgevoelens en ingevingen te ontvangen, het hoeft niet noodzakelijk steeds dezelfde specifieke ziel te zijn. Het belangrijkste om te weten is dat indien zielen aan gene zijde de opdracht hebben gekregen om jou te begeleiden, die zielen dan ook die exacte ervaring nodig hebben voor hun eigen ontwikkeling alvorens ze op aarde moeten terugkomen. Het terugkomen op aarde, het reïncarneren in een ander stoffelijk lichaam, staat gelijk aan het opnieuw geboren worden.

Tot slot:
Het zou tof zijn op het moment zelf of achteraf om te weten te komen van wie specifiek je een voorgevoel of ingeving hebt mogen ontvangen. Toch is het eigenlijk niet belangrijk om zoiets te weten te komen, want het allerbelangrijkste is dat het sterke intense gevoel of de informatie die je hebt mogen ontvangen vooral correct is, ongeacht van wie het ook geweest zou zijn. Stel je daar dus niet te veel vragen rond, maar wees je wel bewust van de voorgevoelens of ingevingen naar de toekomst toe, door vooral je aandacht er iets meer op te vestigen. De meeste mensen hopen een voorgevoel of ingeving te mogen ontvangen van een overleden persoon of dier dat heel geliefd was, wat uiteraard mogelijk kan zijn maar niet gegarandeerd kan worden.

Naomi's opmerking:
Persoonlijk gebruik ik niet graag de term 'overledenen' of 'doden'. Uit besef en respect voor gene zijde gebruik ik veel liever de term 'zielen'. Het klinkt niet alleen mooier, maar het heeft ook veel meer gevoelswaarde. Dat komt omdat ik als medium diep in mijn hart en ziel ervaar dat er leven is na de dood, daarom vind ik de term 'overledenen' of 'doden' zo definitief en drastisch, iets wat er nooit meer zal zijn. Terwijl de term 'zielen' zo sereen is en wijst op iets wat eeuwig blijft leven, doordat het innerlijk veel meer gevoel achterlaat. Daarom is het ook belangrijk dat je tracht respect te hebben voor alle menselijke en dierlijke zielen aan gene zijde, want zij kunnen je namelijk zien en beoordelen of jij je leven goed of niet goed leidt en zo besluiten of ze trots op je kunnen zijn. Al is de persoon of het dier niet meer aanwezig

in stoffelijke vorm, de ziel is onsterfelijk en kan jou mogelijk begeleiden door je voorgevoelens en ingevingen te laten ontvangen. Vergeet nooit dat er een dag komt dat ook jouw tijd op aarde er zal zijn en dat je dan meer dan één geliefd dier en persoon zal mogen weerzien, die je zal opwachten om je te begroeten en je wegwijs te maken gene zijde. Zorg ervoor dat je jezelf dus niet beschaamd hoeft te voelen op het moment dat jouw tijd er is. Tracht daarom bewust je leven te leiden op een volwaardige manier, zodat je innerlijk tevreden en trots kunt zijn, waardoor je ook vaker de mogelijkheid kunt krijgen om een intens gevoel of informatie te ontvangen. Je denkt misschien: als mijn tijd er is kan ik eindelijk tot rust komen aan gene zijde en hoef ik niet meer te werken ☺. Eerlijk gezegd denk ik dat je die gedachte uit je hoofd moet zetten, want aan gene zijde zijn er ook nog heel veel ervaringen te leren, nét zoveel als op aarde.

De kracht van voorgevoelens en ingevingen:

Hoe ernaar luisteren en ermee omgaan?

Eerst en vooral is het belangrijk om te weten dat voorgevoelens en ingevingen ieder mens en dier kunnen verrassen. Zoals je eerder hebt kunnen lezen, weet je dat deze belangrijke bron geleid wordt door gene zijde, die ik ook weleens de *hogere sferen* noem. Ondertussen weet je ook dat iedereen een sterk intens gevoel en informatie kan ontvangen van bekende en onbekende zielen. Toch wil ik hierover graag nog een héél belangrijke onthulling doen...

Iedere persoon op aarde heeft een oergids (ook beschermengel genoemd), die jou begeleidt in je leven. Het is de stem die schuilt achter je innerlijke kracht, je intuïtie die versterkt wordt door jouw oergids. Dat betekent dat voorgevoelens en ingevingen ook via je oergids ontvangen kunnen worden. Uiteraard is een oergids ook een ziel, die aan gene zijde een hogere rangorde heeft, waardoor hij een grote verantwoordelijkheid heeft jou zo goed mogelijk te begeleiden in je leven. Je oergids verlangt en hoopt vooral dat je meer leert luisteren naar je innerlijke ik, het gevoel van je innerlijke stem, die je meermaals belangrijke dingen duidelijk kan maken, is het niet voor jezelf dan is het voor iemand anders.

Je oergids is in de mogelijkheid om via je onderbewustzijn signalen te sturen, zodat je bewust een voorgevoel of ingeving kunt ontvangen via een of meerdere zintuigen (zien, voelen, horen, proeven en ruiken). Als dat gebeurt kun je spreken over een zesde zintuig, dat betekent dat een of meerdere zintuigen spiritueel geprikkeld zijn geweest door je oergids of andere lichtwezens, waardoor er plots een voorgevoel en ingeving kunnen ontvangen worden. Niet alle voorgevoelens en ingevingen zijn aangenaam om te mogen ontvangen maar dat is nu eenmaal de realiteit, het leven kan helaas ook niet altijd rooskleurig zijn, want nergens bestaat perfectie! Als je je ervan bewust wordt (door erbij stil te staan), je leert luisteren naar wat je innerlijk mag ontvangen en er op de juiste manier mee leert omgaan (door te durven uitspreken welk gevoel en informatie je hebt mogen ontvangen), zal het je leven een positieve omwenteling geven. Dat komt omdat er dan heel veel dingen duidelijk voor je zullen worden en je daardoor het gevoel zult krijgen alsof je een metamorfose hebt ondergaan, die je te danken hebt aan die bewustmaking die je innerlijke groei heeft gestimuleerd, je flink wakker heeft geschud.

Situaties die iedereen weleens kan meemaken:
(20 verschillende interessante voorbeelden)

Voorbeeld 1

Op een dag denk je tijdens het werk spontaan aan een goede vriend van je. Je bedenkt dat je hem al eventjes niet meer gezien of gehoord hebt. Je stelt je de vraag hoe het met hem zou zijn en of hij ondertussen al iemand zou gevonden hebben in zijn leven met wie hij alles kan delen. Die dag spookt hij meermaals door je gedachten, waardoor je jezelf moeilijk kunt concentreren. Je beslist om hem 's avonds na je werk dan maar op te bellen. Op het moment dat je thuiskomt krijg je plotseling een droevig gevoel en de ingeving dat hij niet gelukkig is met zijn leven. Je voelt jezelf daarbij benauwd en weet niet goed hoe je het moet aanpakken: moet je dat voorgevoel of die ingeving laten voor wat het is, moet je hem opbellen of moet je afwachten tot hij belt wanneer hij je nodig heeft? Tot je grote verbazing rinkelt enkele minuten later de telefoon en raad eens wie er aan de lijn hangt?

Naomi's advies:
Indien je spontaan aan een persoon of dier denkt, is het belangrijk dat je er aandacht aan schenkt, zeker als het meermaals op een dag gebeurt. Als je merkt dat je jezelf moeilijk kunt concentreren omdat je bijna continu aan iemand zit te denken omdat die gedachte je niet meer loslaat, heeft het ook een reden waarom dat jou overkomt, misschien ben jij de juiste persoon die hem kan helpen. Ook als je plots negatieve dingen voelt, is het heel belangrijk dat je deze signalen niet negeert door er niets mee te doen of af te wachten tot hij je belt wanneer hij je nodig heeft, want wat als zijn trots de bovenhand krijgt waardoor hij je niet belt? Je kunt het geluk hebben dat de telefoon rinkelt en hij je opbelt, maar dan moet je nog altijd iets met dat voorgevoel en die ingeving doen door een directe aanpak.

Naomi's tip:
Indien je spontaan meermaals aan iemand denkt op het moment dat je met andere dingen bezig bent, is het belangrijk te checken of je gevoel of gedachte correct was of niet. Dat kun je doen door bijvoorbeeld de persoon op te bellen of een kijkje te gaan nemen. Ondertussen mag je niet vergeten de dingen te vertellen die je via een ingeving hebt mogen ervaren of via een gedachte spontaan hebt ontvangen. Door de waarheid op de tong te hebben, zul je merken dat

je een ander kunt helpen zonder bemoeizuchtig over te komen. Tevens zul je jezelf innerlijk ook beter voelen als je je gevoel en gedachten hebt kunnen vertellen. ***Tot slot:*** wacht niet tot men jou opbelt, want dan kan het weleens te laat zijn!

Voorbeeld 2

Stel je maar eens voor dat je de geur van een ziekenhuis ruikt terwijl je met de auto aan het rijden bent. Je stelt jezelf de vraag waarom je zoiets ruikt, en op dat ogenblik wordt de geur steeds sterker. Je voelt jezelf angstig omdat je niet goed weet wat je met dat voorgevoel betreffende het ontvangen van die geur moet doen en met wie het te maken heeft. Je denkt aan verschillende mogelijke scenario's, bijvoorbeeld iemand die gaat sterven, in het ziekenhuis opgenomen wordt, een auto-ongeluk krijgt met mogelijk jezelf erbij enzovoort. Op dat moment wens je nog maar één ding en dat is goed en wel thuis geraken, en hoop je ook dat niemand dierbaar in het ziekenhuis komt te liggen of gaat sterven. Enkele dagen nadien krijg je te horen dat je mama zonet opgenomen is in het ziekenhuis.

Naomi's advies:

Op welk moment je ook welke geur ruikt, wees altijd voorzichtig op de plaats waar je je bevindt. Soms is het moeilijk te weten te komen waar het precies mee te maken heeft. Laat het duidelijk zijn dat je die geur echt niet zonder een reden ruikt, zeker niet als die geur sterker wordt terwijl niet iedereen hem op dat moment kan ruiken. Het kan dus gebeuren dat je een waarschuwing mag ontvangen waarvan je pas achteraf te weten komt waar het mee te maken had. Het is vooral belangrijk dat je probeert innerlijk rustig te blijven en even de tijd voor jezelf neemt. Daarna kun je je opnieuw concentreren op die geur door jezelf enkele vragen te stellen en af te wachten of de geur toeneemt of afneemt. In ieder geval: zorg er ook voor dat je daarna tegen iemand hebt verteld wat je hebt meegemaakt. Wie weet kan iemand anders het wel plaatsen, waardoor de geur nadien verdwijnt en het niet te maken had met jezelf of een van jouw dierbaren maar met een dierbare persoon of dier van iemand anders. En is het toch jouw eigen dierbare, dan heb je die persoon alvast kunnen waarschuwen.

Naomi's tip:
Maak je niet overbodig zorgen door meerdere scenario's door je hoofd te laten passeren, want je verandert er toch niets mee, je maakt jezelf daardoor alleen maar onnodig zorgen. Een geur kan een waarschuwing zijn dat er op dat moment iets niet juist is of dat er in de toekomst iets kan gebeuren. Het is ook een levensles voor jezelf om met dingen om te gaan waaraan je soms niets kunt veranderen, de onwetendheid is een gigantische les. Hoe rustiger je innerlijk kunt zijn, hoe meer dingen er duidelijk zullen worden, maar als je jezelf druk blijft maken, zul je merken dat de situatie die je op dat moment meemaakt verergert omdat jij ze zelf negatief voedt. ***Tot slot:*** welke geur je ook ontvangt, begin nooit bijvoorbeeld ineens iemands deur plat te lopen omdat die persoon misschien zou kunnen sterven, wees altijd jezelf!

Voorbeeld 3
Al verscheidene jaren kijk je ernaar uit om te verhuizen, een plek van jezelf te hebben die je helemaal naar eigen smaak kunt aankleden en waar je een nieuwe start kunt maken. Het huurhuis waarin je momenteel woont roept veel nare herinneringen op die je belemmeren om gelukkig te kunnen zijn.

Diep in jezelf heb je meermaals ook het gevoel gekregen dat je moet verhuizen om een definitieve streep te kunnen trekken onder het verleden. Na een lange tijd zoeken kom je eindelijk een huurwoning tegen die helemaal naar je wens is wat betreft locatie, ruimte, lichtinval enzovoort. Er is één belangrijk punt dat je tegenhoudt en dat is de prijs, die vijfenzeventig euro te hoog ligt. Je twijfelt wat je moet doen, maar als je naar de woning kijkt zie je onmiddellijk al voor je dat je vanuit je keukenraam naar buiten staat te kijken en kun je zelfs de meubels al zien staan. Het gevoel dat je ervaart is zo intens dat je innerlijk begint te stralen omdat je weet hoe het huis je leven zou kunnen veranderen. Op dat moment vormt zich plots de gedachte dat je het niet mag doen, want dat je jezelf financieel in de nesten zou kunnen werken. Je gevoel laat duidelijk merken dat je het moet doen, maar je gedachte houdt je tegen. Hoe kun je dit nu het best oplossen: die woning nemen en maar zien hoe het afloopt of je gedachte toch volgen en het niet doen, met het sterke gemis dat je al op voorhand in je hart kunt voelen?

Naomi's advies:
Soms kun je innerlijk het gevoel hebben dat je iets moet ondernemen om opnieuw gelukkig te kunnen zijn. Het is dan belangrijk dat je hieraan werkt, zodat er een verandering kan ontstaan die ervoor zorgt dat je leven een positieve ommekeer krijgt. Je gevoel volgen is echt belangrijker dan je gedachte volgen. Uiteraard hangt dit af van hoe intuïtief je bent, want als je leeft van dag tot dag is het heel moeilijk om een correct voorgevoel en een juiste ingeving te ontvangen omdat het verlangen sterker kan zijn dan je gevoel, waardoor je jezelf in de problemen kunt werken. Je kunt ook over niemand zijn budget oordelen, want voor sommige mensen is vijfenzeventig euro ontzettend veel, voor anderen weinig

en de laatste groep van mensen, die wil er zelfs harder voor werken zodat die vijfenzeventig euro iedere maand neergeteld kan worden. Hun gevoel overheerst hun gedachte, de angst om het niet te kunnen betalen verdwijnt omdat ze er bewust voor kiezen er alles voor te doen om hun doel te kunnen bereiken, al moeten ze er veel harder voor werken.

Naomi's tip:
Op het moment dat je een beeld mag ontvangen en het gevoel krijgt dat je jezelf al ziet wonen op die plaats, is het belangrijk je grenzen te verleggen en alle mogelijke opties te overwegen die ervoor kunnen zorgen dat je er kunt wonen. Stel jezelf niet de vraag: wat moet ik doen als ik het niet meer kan betalen, maar stel jezelf de vraag: wat kan ik eraan doen zodat ik het wel kan betalen zonder mezelf in de nesten te werken. Vanuit dat punt neem je jouw beslissing: of je gaat het gevoel volgen waar je al lang op hebt zitten wachten, of je kiest de gemakkelijkste weg doordat je beslist aan jezelf niets te veranderen, waardoor je opnieuw de mogelijkheid kunt krijgen een andere woning tegen te komen die betaalbaarder is, maar misschien niet aan alle vereisten zal voldoen zoals die ene woning die je bewust hebt laten staan. Iedereen beslist voor zichzelf wat het beste is, maar besef dat het bijzondere gevoel en beeld dat je hebt mogen ontvangen zich niet gemakkelijk voor een tweede keer zal herhalen, waardoor je altijd spijt kunt krijgen van je eerdere beslissing. ***Tot slot:*** als je een keuze maakt, of het nu gevoelsmatig of rationeel is, moet je ermee leren leven door vooruit te kijken zonder klagen en zeuren!

Voorbeeld 4
Het is je al vaker sterk opgevallen dat je hond om klokslag 18 uur aan de deur gaat zitten wachten tot je echtgenoot van

zijn werk thuiskomt. Je denkt dat het logisch is omdat iedere hond instinctief kan aanvoelen wanneer iemand thuiskomt als dit iedere keer op hetzelfde uur is. Opvallend is dat je ook hebt opgemerkt dat wanneer je echtgenoot twee uur vroeger dan voorzien thuis is, je hond op dat moment ook twee uur vroeger aan de deur is gaan zitten. Op een middag doet je hond precies hetzelfde als wanneer het 18 uur is: hij gaat om 12 uur aan de deur zitten alsof zijn baasje al naar huis gaat komen. Je reageert erop en zegt: 'Je moet nu nog niet aan de deur gaan zitten tot je baasje naar huis komt, want die komt pas vanavond naar huis.' Je hond kijkt je op dat moment verbaasd aan alsof hij je niet gelooft en beslist om een eindje van de deur vandaan te gaan liggen, zodanig dat hij de deur nog heel goed in het oog kan houden. Een tiental minuten later komt je echtgenoot onverwacht van zijn werk thuis omdat hij zich heel erg beroerd voelde. Je kijkt je hond aan en denkt bij jezelf: dat is heel vreemd, hoe kon hij dat in godsnaam aanvoelen of weten?

Naomi's advies:
Niet alleen zijn dieren heel instinctief maar ook heel intuïtief, omdat ze vaak dingen op voorhand sterker kunnen aanvoelen dan mensen. Op het moment dat er een wijziging optreedt in bijvoorbeeld een uur, kan ieder dier dat op afstand aanvoelen, alleen weet het niet altijd hoe het ermee moet omgaan of hoe het zich moet gedragen. Dat heeft ook met de wijsheid van het dier te maken en de ervaringen die wij als mens aan het dier hebben geleerd. Het is daarom belangrijk om een dier zijn lichaamstaal te begrijpen, want daaruit kun je als mens innerlijk heel veel leren. De zintuigen van dieren werken optimaal, waardoor ze allemaal beschikken over sterk ontwikkelde zintuigen. Tracht bijvoorbeeld op het moment dat je hond zijn gedrag verandert je af

te vragen wat daar de reden van kan zijn, in plaats van het te negeren of erop te reageren door te zeggen: 'Doe niet zo gek, er is helemaal niets aan de hand.'

Naomi's tip:
Tracht je hart open te stellen voor ieder dier en behandel het zoals een kind of iemand van wie je veel houdt. Als je een dier in huis neemt kan dit je leven helemaal veranderen, niet alleen doordat je het gevoel hebt dat je niet meer alleen bent, maar vooral door de liefde en steun die je onvoorwaardelijk kunt ontvangen. De taal van een dier leer je vooral door te observeren en je vragen te stellen waarom hij bijvoorbeeld in het bijzijn van iemand angst heeft of gromt. Tracht ook eens dingen te vertellen vanuit je hart en ziel, zonder ze hardop te zeggen. Het dier jou laten volgen zonder leiband of iets anders is werken met de aura van het dier door het nieuwsgierig te maken, het boeiend te maken, er gewoonweg een leuk spelletje van te maken. ***Tot slot:*** eens je een dier in je leven toelaat kun je er levenslange vriendschap van ontvangen. Wat je ook doet, het zal je nooit in de steek laten!

Voorbeeld 5
Het mooiste dat je kunt meemaken is dat je de zachtheid van een dier uiterlijk mag waarnemen, in de veronderstelling dat je een grote hond hebt die normaal gesproken altijd ontzettend druk overkomt doordat hij continu aandacht vraagt, opspringt en met zijn snuit komt duwen in de hoop toch maar een beetje aandacht te krijgen en aangeraakt te worden. Op een dag belt je beste vriendin je op en vertelt ze dat ze jou nodig heeft, omdat ze zonet haar poes heeft moeten laten inslapen. Je vriendin is iemand die regelmatig bij je thuis over de vloer komt en je hyperkinetische hond dus

ook heel goed kent. Net voor ze aankomt zeg je tegen je hond dat hij rustig moet zijn omdat je bang bent dat die drukte nét iets te veel zal zijn voor haar, omdat ze het op dat moment al moeilijk genoeg heeft en vooral behoefte heeft aan een goede babbel en een warme knuffel, zodat ze niet alleen weet maar ook voelt dat ze jouw steun heeft. Op het moment dat je vriendin aankomt, verandert de houding van je hond opmerkelijk. Hij kijkt haar met droevige ogen aan en komt op een heel bijzondere manier zijn liefde geven, zonder druk te doen, op te springen of te komen duwen met zijn snuit. Hij probeert op geen enkele manier opdringerig te doen maar eerder haar te benaderen op een nederige en liefdevolle manier. Hij begint haar langzaam likjes te geven, iets wat hij nooit op die manier doet, want als hij normaal gesproken likjes geeft ben je helemaal gewassen ☺. Je wordt er helemaal ontroerd van als je ziet dat je hond zo anders kan doen dan je van hem gewoon bent. Je bent trots op je hond maar snapt eigenlijk niet goed hoe het komt dat hij zich plots zo anders kan gedragen.

Naomi's advies:
Als je met een bepaalde emotie zit is het belangrijk dat je erover kunt praten met iemand, maar het mag ook een dier zijn. Trouwens, therapie met een dier kan wonderen verrichten. Dat komt omdat dieren je innerlijke ik in de aura kunnen waarnemen, ze zien hoe jij jezelf op dat moment voelt, wat op zich al een helende werking heeft. Je kunt niet beweren dat als een dier opvallend anders tegen je doet, je dat helemaal niets zou doen. Op zo'n moment wordt de energie van het dier naar de mens overgebracht zodat er een innerlijke rust kan ontstaan, die mogelijk eerst een emotionele ontlading geeft. Daarom is het ook belangrijk om de taal van bijvoorbeeld je hond te leren, zodat je weet – onge-

acht welk ras je hebt – dat geen enkel dier hetzelfde reageert, ondanks de informatie die in sommige handboeken wordt gegeven. Tracht op dat moment van de aandacht en liefde die je krijgt te genieten, want voor je het weet is het voorbij. Je hoeft dus niet altijd je stem te gebruiken om te kunnen communiceren, de energie die je uitstraalt is namelijk ook een taal die je overbrengt.

Naomi's tip:
Tracht je innerlijk open te stellen als je nederig en liefdevol door een dier wordt begroet. Hij voelt jouw innerlijke ik aan, je ziel zoals je jezelf op dat moment werkelijk voelt. Probeer je niet sterk te houden door al je verdriet in te slikken, want op het moment dat het dier je komt troosten, kijkt hij dwars door je heen waardoor hij jouw emoties in tranen kan doen vloeien. Het zal je achteraf een beter gevoel geven dat je jezelf hebt kunnen laten gaan. Jouw verdriet wordt door een dier omgezet in pure liefde waardoor je hart opnieuw ruimte heeft, zodat je weer kunt genieten van nieuwe dingen in je leven als de tijd er rijp voor is. ***Tot slot:*** op het moment dat je uiterlijk laat zien hoe je jezelf innerlijk écht voelt, zal het dier met je lichaamstaal communiceren waardoor hij je de toelating geeft om ook met hem te communiceren!

Voorbeeld 6
Terwijl je met je kinderen aan het spelen bent, krijg je spontaan een ingeving met de naam Catherina. Je denkt eventjes na en beseft dat Catherina een vroegere schoolvriendin van je is geweest, met wie je al zeker dertig jaar geen contact meer hebt gehad. Je laat die gedachte los, maar op de een of andere manier komt ze af en toe weer in je op. Je probeert er niet te hard mee bezig te zijn omdat je niet weet wat je aan

die informatie hebt, aangezien je zelfs niet eens weet of ze nog leeft, waar ze woont, of ze gehuwd is, of ze kinderen heeft enzovoort. Je begrijpt niet waarom je plots de naam Catherina mag ontvangen en wat je ermee moet doen. Er gaan enkele weken voorbij, tot je op een avond voor de televisie zit en een spelprogramma aan het volgen bent, waarin je een vrouw herkent uit je verleden. Je weet echter niet goed wie het juist is en of ze het wel is, tot de kandidaten zich mogen voorstellen. Je krijgt te horen dat de vrouw die je lijkt te herkennen Catherina heet, gevolgd door verdere informatie die je nog duidelijker maakt dat het over dezelfde Catherina gaat als de persoon van wie jij de naam enkele weken ervoor hebt ingegeven gekregen. Het is vreemd dat je haar meer dan dertig jaar later plotseling op televisie terugziet en haar herkent, mede dankzij de ingeving die je eerder hebt mogen ontvangen.

Naomi's advies:
Besef vooral dat elke ingeving niet tijdgebonden is. Achteraf kreeg je een mooie bevestiging dat de ingeving correct was en niet zonder reden zomaar in je gedachten kwam opduiken. Een bevestiging geeft een innerlijk vertrouwen, waardoor je jezelf nog meer openstelt wanneer je meermaals een bevestiging mag ontvangen. Een ingeving kan ook vaag gebeuren, zoals in dit geval met een naam waar je op dat moment niets aan hebt. Indien je een ingeving ontvangt over iemand met wie je helemaal geen contact hebt, moet je maar eens opletten of die informatie achteraf geplaatst kan worden. Het is niet de bedoeling dat je er onmiddellijk iets mee doet, hoewel het altijd wel leuk zou geweest zijn als je het tegen iemand had kunnen vertellen. Je oergids bijvoorbeeld kon die naam in je gedachten laten komen. Als een ingeving uit zichzelf ontstaat op een moment waarop je er

niet eens bewust aan zou gedacht hebben, dan mag je er zeker van zijn dat er achteraf wel iets meer uit de bus zal komen. Je had de persoon mogelijk ook op een andere manier kunnen ontmoeten, bijvoorbeeld via mail, telefoon, rechtstreeks contact (bijvoorbeeld in een winkel), via iemand anders die je van hem op de hoogte zou gebracht hebben enzovoort.

Naomi's tip:
Een ingeving maakt je onderbewuste wakker en laat je nadenken over iets. Het is altijd nuttig als je het tegen iemand kunt vertellen, al lijkt het stom. Soms is het gewoon iets heel eenvoudigs en heb je het vooral nodig voor je zelfvertrouwen. Maar je kunt niet ontkennen dat als je meermaals informatie mag ontvangen via een ingeving die achteraf bevestigd kan worden, je steeds meer zult gaan letten op wat het je te vertellen heeft, waardoor je meer leert luisteren naar je innerlijke stem, de kracht achter je intuïtie. Iedereen maakt zulke situaties mee, maar niet iedereen staat erbij stil en sommigen denken dat alles wat je ontvangt volledig duidelijk moet zijn. ***Tot slot:*** heb je ook niet graag dat iemand anders jouw boterham voorkauwt en dat is ook de reden waarom gene zijde je geen dingen wil voorkauwen, je moet er soms zelf achter komen!

Voorbeeld 7
Stel je voor dat je op een dag een ingeving krijgt dat je dringend eens tijd zou moeten maken voor je grootvader, die je al enkele weken niet meer hebt gezien. Door je werk en ook andere zaken heb je niet altijd de mogelijkheid en de zin gehad om tijd voor hem vrij te maken. Het is een man die nog heel goed te been is en ook zijn gezondheid is prima in orde, tenminste, hij heeft nog nooit iets ernstigs met zijn gezond-

heid meegemaakt. De ingeving die je ontvangt herhaalt zich meermaals tijdens de dag en je denkt: ik zou er werk van moeten maken om even bij hem langs te gaan. Eigenlijk heb je er helemaal geen zin in en zoek je allerlei excuses om die ingeving te negeren, omdat je begint te denken dat je er eigenlijk niets kunt gaan doen en dat je grootvader nogal luid kan praten, waardoor je gek van hem wordt. Toch houd je zielsveel van die man, maar je verstand neemt de leiding en beslist om het nog even uit te stellen. Diezelfde dag krijg je plotseling een telefoon met de mededeling dat je grootvader in het ziekenhuis is opgenomen met een hartinfarct nadat ze hem in zijn woning bewusteloos hebben gevonden. Op dat moment voel je de grond onder je voeten wegzakken en begin je erover na te denken dat jij hem misschien eerder had kunnen vinden als je besloten had om er toch even langs te gaan. Je voelt je innerlijk schuldig en weet niet goed hoe je ermee moet omgaan: zou je erover zwijgen dat je eerder die ingeving hebt gehad, durf je hem nog onder ogen te komen of ga je doen alsof je neus bloedde en je enorm geschokt was toen je te horen kreeg dat hij is opgenomen in het ziekenhuis?

Naomi's advies:

Ieder mens verzint nogal gemakkelijk excuses om iets niet te doen of uit te stellen, zonder te beseffen dat het weleens heel belangrijk kan zijn de daad bij het woord te voegen, want van uitstel komt afstel. Ga er nooit van uit dat je er zeker van bent dat iemand prima in orde is zoals je dat normaal gewoon bent, want soms kan iets van de ene op de andere dag veranderen. Het feit dat je die ingevingen meermaals hebt mogen ontvangen wijst erop dat je onmiddellijk contact zou moeten opnemen, zeker als je erover begint na te denken dat je grootvader een man is die nog in goede conditie is. Het lijkt alsof je jezelf iets wilt wijsmaken zodat je geen tijd voor hem hoeft vrij te maken, daarom is het des te belangrijker die ingeving niet te negeren. Kom tot het besef dat ook oudere mensen niet vervelend zijn maar ooit mensen zijn geweest die je mogelijk veel plezier hebben bezorgd, je liefde hebben gegeven, hun deur voor je hebben opengesteld als een tweede thuis enzovoort.

Naomi's tip:
Het is altijd gemakkelijk om achteraf te zeggen: 'Had ik maar geluisterd naar mijn gevoel of ingeving, dan had die situatie heel anders kunnen aflopen.' Misschien heb je gelijk, maar het heeft geen zin om eraan terug te denken omdat je er niets meer aan kunt veranderen. Om innerlijk met jezelf in het reine te komen, is het belangrijk dat je toch tegen iemand kunt vertellen dat je voordien die ingevingen hebt ontvangen, ook al heb je er niet naar geluisterd. Het is op dat moment een levensles voor jou die je laat zien dat een ingeving ook weleens heel belangrijk kan zijn. Als je het tegen iemand kunt vertellen met een openbaring van je innerlijk gevoel door te zeggen dat je jezelf ook schuldig voelt, zul je achteraf merken dat die schuldgevoelens langzaam verdwijnen, waardoor je er innerlijk van verlost geraakt. ***Tot slot:*** doe nooit alsof, wees altijd jezelf en bezoek je grootvader, want je moest eens weten hoe blij hij is je terug te mogen zien, want het is beter ooit dan nooit!

Voorbeeld 8
Als gelukkig gehuwde man heb je samen met je vrouw een dochtertje van zeven jaar. Ze heeft jullie leven veranderd in positieve zin, waardoor jullie relatie nog hechter is geworden. Het kind houdt ontzettend veel van allerlei dieren, van klein tot groot, en hoopt ooit een hondje te mogen krijgen

waarmee ze kan knuffelen. Jullie dochtertje gaat regelmatig naar je zus (haar tante die ook haar meter is), die een hond heeft waar het meisje graag mee speelt. Als papa krijg je op een bepaald moment via een voorgevoel een beeld te zien dat die hond je dochtertje vastgrijpt. Je weet dat die hond soms vreemd uit de hoek kan komen maar je hebt nog nooit eerder dat voorgevoel gehad, toch niet op die manier. Op het moment dat je dat beeld zag kreeg je een brok in de keel, alsof het al gebeurd was. Je echtgenote ziet op dat moment aan de blik in je ogen dat er iets niet in orde is en ze ziet ook hoe emotioneel je plotseling wordt. Je begint jezelf af te vragen of het een normale angst is die je ervaart en hoe je ermee moet omgaan, aangezien jullie dochtertje al meermaals bij je zus is geweest en de hond haar nog nooit heeft willen bijten. Je bedenkt dat je dat voorgevoel moet negeren omdat je rationeel tot het besef komt dat iedereen zijn kind wil beschermen en dat je daardoor een negatieve vibratie hebt opgevangen die mogelijk je angst heeft weten te stimuleren. Vanaf dat moment beslis je samen met je echtgenote dat jullie dochtertje nooit een hondje zal krijgen.

Naomi's advies:
Eerst en vooral wil ik even duidelijk maken dat een kind geen garantie biedt voor een hechtere relatie. Een kind is een uniek wezen, een ziel, een eigen individu dat je niet als een soort lijm mag gebruiken tussen jou en je partner. Als je een beeld hebt waargenomen waarop je onmiddellijk reageert, door onder andere emotioneel te worden of kortaf te zijn in je woorden, is het heel belangrijk en veilig om ernaar te luisteren en er iets mee te doen, zeker als je ook merkt dat je nog nooit eerder dat intense gevoel hebt ervaren, of het nu positief of negatief was. Je mag dankbaar zijn dat je via een sterk voorgevoel dat beeld hebt mogen waar-

nemen, waardoor je een bepaalde situatie kon voorkomen. Ga er niet van uit dat die hond nooit zou durven bijten want je weet nooit hoe hij aangelegd is, zeker niet als je al van tevoren weet dat hij soms vreemd kan doen. Een kind is een opgewekt en beweeglijk persoontje dat ook een hond tot waanzin kan drijven. Het is mogelijk dat je voordien af en toe een ingeving hebt mogen ontvangen dat jullie met je dochtertje voorzichtig moeten zijn. Aangezien er verder met die informatie niets gedaan is geweest, heb je het geluk gehad om op een bepaald moment een sterke vibratie te hebben ontvangen die het mogelijk maakte jou een beeld te laten zien, in de hoop dat je er eindelijk iets mee zult doen. Tracht je kind niet meer rechtstreeks in contact te laten komen met die hond van je zus, tot je innerlijk een gevoel mag ontvangen dat het weer in orde is. Indien je beslist na een bepaalde periode jullie dochtertje weer in contact te laten komen met de hond, wees je er dan van bewust dat je altijd verantwoordelijk blijft voor de keuze die je hebt gemaakt.

Naomi's tip:
Wees je er als vrouw van bewust dat steeds meer mannen intuïtief zijn, maar dat sommige hulp nodig hebben om zich helemaal in woorden te kunnen uitdrukken. Dat komt omdat vrouwen verder in de innerlijke ontwikkeling staan dan mannen, wat ook vooral te maken heeft met de opvoeding die men heeft gehad. Als een man zijn gevoelige kant laat zien of huilt, zorg er dan voor dat je niet begint te lachen of hem een watje noemt, zeker niet als je weet dat hij erop zal afknappen. ***Tot slot:*** laat een tegenslag niet plotseling alle hoop en wensen wegvegen, ontneem je kind zijn hoop en wensen niet omdat je een negatief voorgevoel hebt ervaren!

Voorbeeld 9

Binnen veertien dagen vertrek je met het hele gezin op vakantie naar Curaçao. Je hebt de vlucht al drie maanden geleden vastgelegd om zeker te kunnen zijn van de zitplaatsen op het vliegtuig en het hotel, dat je via een reisbrochure en op het internet op voorhand hebt kunnen bewonderen. Al jaren aan een stuk is het een soort traditie, een behoefte om er even tussenuit te knijpen zodat je alle beslommeringen van je af kunt gooien op het moment dat je ver weg van huis bent. Het is een gewoonte geworden om twee keer per jaar met het hele gezin op vakantie te kunnen gaan naar een zonnige bestemming. Eindelijk is het zover en voor je het weet ben je met het hele gezin op je bestemming in Curaçao. Je beleeft er een fantastische vakantie die je mooie herinneringen zal opleveren. De dag van je thuiskomst nadert... De vakantie zit erop en met zijn allen sta je in de luchthaven te wachten om de vlucht richting huiswaarts te nemen. Plotseling hoor je een mannenstem die je zegt: 'Neem die eerste vlucht niet, want jullie zullen neerstorten.' Je schrikt je op dat moment te pletter en begint om je heen te kijken waar die stem vandaan komt. Tot je grote verbazing zie je niemand dicht bij je staan en kun je de mannenstem ook niet herkennen uit de gesprekken van andere mensen die iets verderop staan. Het voorgevoel dat je via jouw zesde zintuig helderhoren hebt mogen ontvangen, herhaalt zich op het moment dat je naar het toilet gaat en je handen staat te wassen. Opvallend is dat er buiten jezelf niemand in de toiletten aanwezig is. Je beslist om je partner over dat voorgevoel te vertellen en een latere vlucht te nemen. Je partner moet erom lachen en kijkt je aan alsof je een vijs los hebt of een zonnesteek hebt opgelopen.

Naomi's advies:
Als je een duidelijke stem hoort zonder dat er iemand om je heen staat die deze stem kan nabootsen en als ze niet voor iedereen hoorbaar is, kan je stellen dat je een stem uit de andere wereld hebt mogen ontvangen. Die stem kan je als een donderslag bereiken om je onverwachts iets belangrijks mee te delen. Aangezien je ze twee keer duidelijk hebt mogen ontvangen, zelfs in de toiletten, een plaats waar de meeste mensen zich kunnen ontspannen en niet bezig zijn met zich open te stellen om informatie te ontvangen, kun je wel stellen dat die stem uit het niets kwam opduiken. Afgezien daarvan is het op dat moment helemaal niet belangrijk om te weten te komen van wie die stem was, maar is het veel belangrijker om ernaar te luisteren door niet de eerste maar de tweede vlucht te nemen. Tracht je partner op allerlei mogelijke manieren te overtuigen, zodat jullie samen als gezin de tweede vlucht kunnen nemen. In het slechtste geval moet je ervoor zorgen dat je de tickets in handen krijgt en niet meer afgeeft tot de eerste vlucht vertrokken is.

Naomi's tip:
Tracht voet bij stuk te houden indien je een voorgevoel ontvangt dat je duidelijk maakt dat het om leven en dood kan gaan. Het zou een immens grote gok zijn om zo'n voorgevoel dat je via een stem hebt mogen ontvangen te negeren en daarbij nog dom ook. Je hebt op dat moment niets te verliezen dan alleen maar wat tijd, maar wat heb je eraan als je er niet naar zou luisteren en achteraf over geen tijd meer kunt spreken? Het is moeilijk om zo'n voorgevoel ook over te brengen naar mensen die je niet kent. Als je de gave zou hebben om meermaals zulke voorgevoelens en ingevingen te kunnen ontvangen leer je er nog veel beter mee omgaan, zodat het in je mogelijkheid ligt mensen die je niet kent wel

te kunnen waarschuwen. Het belangrijkste is dat jezelf en je dierbaren veilig zijn, want als je al tegen één iemand kunt vertellen wat je hebt meegemaakt ben je al goed op weg. Vertel het niet aan je kinderen, want zij zouden kunnen zorgen voor een paniektoestand die heel de luchthaven op zijn kop kan zetten. ***Tot slot:*** als je het nadien nog kunt navertellen, kun je altijd een medium raadplegen om te weten te komen van wie de stem was die je hebt gehoord!

Voorbeeld 10

Op een avond lig je lekker languit in je zetel naar een spannende film te kijken. Je poes komt zoals gewoonlijk bij je liggen. Halverwege de film begin je jouw poes spontaan liefdevol te strelen, waardoor ze begint te spinnen van genot. Als de film afgelopen is wil je gaan slapen en knuffel je nog eventjes je poes en zeg je slaapwel, tot morgen. Als je in bed ligt krijg je spontaan een voorgevoel dat er iets met je poes mis is. Je begint je innerlijk zorgen te maken en je af te vragen wat er aan de hand kan zijn met haar. Je bedenkt dat ze nog altijd goed eet, drinkt, speels is en zeker niet magerder is geworden, waardoor je al een beetje meer gerustgesteld kunt zijn. Toch ga je eventjes uit bed om haar terug te kunnen zien. Op het moment dat je naar haar kijkt, krijg je precies een beeld te zien waar er iets met haar niet in orde is. Je ziet plots een donkere vlek aan haar buikje. Je bent geen dierenarts maar voelt sterk aan dat er iets helemaal niet pluis is met haar, hoewel ze geen ziekteverschijnselen vertoont. Je bent ervan overtuigd dat je haar grondig wilt laten onderzoeken, in de hoop dat alles in orde is, maar innerlijk voel je een sterke angst dat je haar zult moeten afgeven.

Naomi's advies:
Als je zielsveel houdt van een persoon of dier, is het mogelijk om nog sneller een voorgevoel te ontvangen omdat de liefde die je voelt zo gigantisch groot is dat je leven voor een groot deel in het teken van die persoon of dat dier staat. Het is ook belangrijk dat je eerst het rijtje van de logische vaststellingen afloopt, zoals het besef dat je poes nog goed kan eten, drinken, speels is en niet magerder is geworden. Laat je natuurlijk ook niet misleiden door de logische vaststellingen, want die betekenen niet dat alles honderd procent in orde is, het geeft je op dat moment alleen een goed gevoel dat je nodig hebt om andere dingen nog verder te kunnen laten onderzoeken. Je hebt via een voorgevoel een beeld mogen ontvangen dat je duidelijk maakte dat je poes ziek is. Aangezien de poes in jouw hart en ziel je kindje is, overheerst je angst je manier van denken, waardoor je alles veel ernstiger ziet dan het misschien werkelijk is. Het gevoel dat je hebt ontvangen kan zeker correct zijn, maar de angst dat je haar moet afgeven zal uiterst klein zijn.

Naomi's tip:
Indien je via een voorgevoel een beeld mag ontvangen dat je dingen laat zien die je normaal gesproken niet ziet zoals in dit geval je poes die ziek is, is het raadzaam om alles zeker verder te laten onderzoeken. Het feit dat je de ziekte op voorhand hebt mogen waarnemen kan ervoor zorgen dat je er tijdig bij bent, zodat indien nodig de poes geopereerd kan worden, wat haar leven kan verlengen. Op het moment dat je angst je verstand overheerst kun je minder helder denken, wat je voorgevoelens kan beïnvloeden, zodat je de dingen mogelijk in een negatief daglicht gaat zien. ***Tot slot:*** kun je beter een tiental euro's armer zijn dan dat je een dierbare persoon of dier door twijfels of gierigheid verliest. Je zou geen gok mogen wagen als het om een leven gaat!

Voorbeeld 11

Stel dat je een zoon van zeventien jaar hebt die niet gemakkelijk is in de omgang. Hij heeft met drugs geëxperimenteerd, rookt veel, studeert niet graag en probeert de rebel uit te hangen, waardoor hij meermaals van school is gevlogen. Tegen jou kan hij ontzettend opstandig doen, waardoor er meermaals een luidruchtige woordenwisseling ontstaat tussen moeder en zoon. Op zijn vader kun je niet rekenen, want hij heeft nooit naar zijn zoon omgekeken aangezien hij jullie beiden in de steek liet op het moment dat hij wist dat je zwanger was. Je hebt dus altijd alleen ingestaan voor de opvoeding van je zoon. Als moeder houd je ontzettend veel van hem, maar soms kan hij het bloed onder je nagels vandaan halen door een opstandige en vranke houding aan te nemen. Op bepaalde momenten kun je hem zelfs moeilijk of niet de baas. Op een dag breekt de hel los en krijgt hij weer een van die uitbarstingen dat hij niet meer naar school wil gaan en dat hij alleen wil gaan wonen, zodat hij kan doen wat hij wil. Je reageert erop en zegt: 'Maar jongen toch, als jij alleen wilt gaan wonen dan moet je dat doen, maar onderschat het niet, want dan zul je alles zelf moeten doen en betalen. Het is hier voor jou altijd een hotel geweest, je zou dankbaar moeten zijn dat je zo'n goede moeder hebt als ik.' Je zoon antwoordt daarop: 'Maar moeder toch, nu begrijp ik goed waarom mijn vader niets in jou zag.' Als moeder raken die woorden van je zoon je door merg en been en je flapt er in boosheid uit: 'Pak je fiets en zorg ervoor dat je ver weg bent van hier, zodat ik je niet meer hoef te zien.' Op dat moment krijg je een angstaanjagende ingeving: je zoon moet oppassen dat hij niet met zijn fiets verongelukt. Je beslist om dat tegen hem te zeggen, waarop hij hard reageert: 'Alsof jou dat iets zou kunnen schelen als er mij iets zou overkomen.' Je verheft je stem en roept naar hem dat hij moet thuisblijven want dat hij kan verongelukken. In een razende bui vertrekt je zoon toch met zijn fiets. Vanaf dat moment maak je je écht heel veel zorgen omdat je voor het eerst een duidelijke ingeving hebt ontvangen dat er iets met hem zou kunnen gebeuren. Een uur later krijg je een telefoontje met de mededeling dat je zoon werd aangereden door een autobestuurder en met lichte verwondingen naar het ziekenhuis is gebracht. Er komt onmiddellijk een geruststellend gevoel over je, je slaakt een diepe zucht omdat je zoon gelukkig nog in leven is. Toch voel je jezelf ook schuldig omdat je denkt dat jij er de oorzaak van bent dat hij aangereden is geweest, je hebt hem immers vooraf verteld wat je ingegeven had gekregen.

Naomi's advies:
Eerst en vooral wil ik duidelijk maken dat het belangrijk is om je kind een goede en correcte opvoeding te geven door respect af te dwingen. Het is niet gemakkelijk om als alleenstaande ouder een kind op te voeden en zeker niet als je een kind hebt met lichamelijke of geestelijke problemen. De meeste ouders hebben vooral problemen met kinderen die onhandelbaar zijn, niet luisteren, allerlei kattenkwaad uithalen enzovoort. Tracht als alleenstaande ouder indien nodig de hulp in te roepen van iemand die je kent of professionele hulp te zoeken. Dat kan nuttig zijn omdat een buitenstaander soms meer dingen kan zien die fout lopen dan jijzelf. Probeer je als alleenstaande ouder niet te stoer op te stellen door te zeggen dat je het allemaal wel alleen aankunt, want daar kun je later misschien wel spijt van krijgen als je kind ouder wordt. Uiteraard geldt dit niet alleen voor alleenstaande ouders, ook op ouderparen kan dit advies van toepassing zijn. Een kind kan soms harde taal gebruiken waar hij achteraf meestal spijt van heeft en is dat niet het geval, wees er dan maar zeker van dat hij er als volwassene wel

spijt van zal krijgen. Zijn kinderen zullen bijvoorbeeld niet moeten doen wat hij vroeger bij jou wel gedaan heeft. Het is nuttig om te weten dat je ook in een boze stemming, door een opeenstapeling van negatieve energie, voorgevoelens en ingevingen kunt ontvangen. Het grootste probleem is alleen dat je het dan meestal op een ongelukkige manier naar buiten brengt, waardoor je jezelf achteraf schuldig kunt voelen. Aangezien het een opeenstapeling is van negatieve energie beïnvloedt dat ook je voorgevoelens en ingevingen, waardoor je de dingen erger kunt aanvoelen dan wat je in werkelijkheid te wachten staat. Wees blij dat je het hem vooraf had verteld, anders had je ook met de vraag kunnen zitten: wat als ik hem had gewaarschuwd en hij wel geluisterd zou hebben? Zo zie je maar dat je jezelf altijd vragen kunt blijven stellen, het hangt af van situatie tot situatie en hoe men erop zal reageren.

Naomi's tip:
Open je ogen en besef dat wanneer je een kind alles geeft zonder dat hij er iets voor moet doen, je er dan veel te veel eieren onder legt. Je bent dan als ouder niet veel te goed maar goed gek. Tracht het heft in eigen handen te nemen en verander een aantal dingen die nodig zijn, zodat je kinderen respect leren krijgen voor jou. Wees je ervan bewust dat voorgevoelens en ingevingen die je tijdens een boos moment ontvangt niet gecreëerd maar ontvangen zijn. ***Tot slot:*** hoe oud je kind ook is, hij moet altijd luisteren zolang hij bij jou inwoont en als een kind zich op hotel voelt, ligt dit als ouder aan jezelf!

Voorbeeld 12

Je hebt een prachtig gezinnetje, twee opgroeiende kinderen en een man van wie je zielsveel houdt. Ondertussen zijn jullie al meer dan twintig jaar gelukkig gehuwd. Voor de buitenwereld lijken jullie het perfecte gezinnetje, maar diep in jezelf ben je bang dat dit weleens grote schijn zou kunnen zijn. Je hoopt dat het je eigen angsten zijn die je meermaals doen twijfelen aan de trouwheid van je partner, maar je kunt de ingevingen niet blijven negeren en doen alsof het je helemaal niets doet. Regelmatig ontvang je spontaan een gedachte in je hoofd die je vertelt dat hij een ander heeft. Je ontvangt die gedachte zelfs op momenten waarop je met hem de liefde bedrijft. Je haat het dat je daaraan plotseling denkt maar weet niet goed of het jouw gedachte is of een gedachte die je via een ingeving hebt mogen ontvangen en die je duidelijk wil maken dat er iemand anders in het spel is. Ondanks dat je jezelf innerlijk gekwetst voelt, ben je nog steeds stapelverliefd op je echtgenoot. Je denkt bij jezelf: ik heb alles wat ik wensen kan, een mooi huis, geen financiële problemen, gezonde kinderen die ook hun papa nodig hebben en een man voor wie ik alles overheb, al moet ik aanvaarden dat hij een ander heeft en dat vind ik helemaal niet prettig, zolang hij mij maar niet verlaat voor een ander.

Naomi's advies:

In iedere relatie moet je blijven investeren, want het is niet omdat het nu goed gaat dat dat voor altijd zo zal zijn, niets is vanzelfsprekend. Een goede communicatie is heel belangrijk wil je de kans op slagen van je relatie vergroten, want waar geen communicatie is kan nooit een intense band ontstaan. Een beetje jaloezie in een relatie kan ook geen kwaad, zolang het geen obsessie wordt. Als je bezitterig van aanleg bent, is het mogelijk dat je angsten de bovenhand krijgen waardoor je vermoedens uitlokt die onnodig zijn, want zulk gedrag kan iedere relatie doen verzieken. Het is dus van het uiterste belang jezelf eerst af te vragen of het niet je angsten zijn die je dingen doen vermoeden die er niet zijn. Maar als je merkt dat je meermaals zulke ingevingen ontvangt, zelfs op momenten dat je jezelf ontspannen en gelukkig zou moeten voelen, is het heel belangrijk dat je de waarheid tracht te achterhalen, want dan kunnen die ingevingen weleens correct zijn. Tracht je partner niet te beschuldigen van overspel als je niet helemaal zeker bent maar zorg ervoor dat je op de een of andere manier een bewijs kunt krijgen, in het slechtste geval moet je iemand inhuren zodat je de rust in jezelf kunt terugvinden als dat voor jou belangrijk is. Vergeet nooit: liefde is blind en als je gekwetst wordt moet je trachten die gekwetstheid te gebruiken als een krachtige energie die je nodig hebt om een hoofdstuk in je leven af te sluiten, dan pas heb je een belangrijke levensles geleerd en kom je vooruit in je leven door je niet langer voor de gek te laten houden maar voor je eigen geluk te gaan.

Naomi's tip:
Welke vorm van relatie je ook hebt, een evenwichtige band tussen twee personen bestaat uit geven en nemen, niet meer en niet minder. Zorg ervoor dat dit een van je belangrijkste vereisten is, maar besef dat er nergens absolute perfectie bestaat. Als je ervoor kiest om bij je partner te blijven die ontrouw is om welke reden ook, vergeet dan niet dat jij een voorbeeld moet kunnen zijn voor je kinderen dat toont hoe ze later zoiets moeten aanpakken als ze in een gelijkaardige situatie zouden terechtkomen. Sta mij toe om te zeggen: hoe ze hun innerlijk geluk kunnen opgeven en zichzelf kunnen wegcijferen in een relatie. Ik ben ervan overtuigd dat jij je kinderen wél gelukkig wilt zien, maar stel je de vraag: hoe gelukkig kunnen ze zijn als ze niet het goede voorbeeld hebben gekregen? ***Tot slot:*** voor sommige mensen kan het financiële aspect een belangrijke reden zijn

waarom ze in hun relatie blijven zitten, maar vergeet niet dat er één ding is dat je niet met geld kunt kopen en dat is innerlijk geluk!

Voorbeeld 13

Op een winterse avond heb je om 19 uur afgesproken bij je allerbeste vriendin thuis. Als je aankomt, word je onmiddellijk vriendelijk ontvangen alsof jullie elkaar lange tijd niet meer gezien hebben. Nochtans hebben jullie bijna iedere week contact met elkaar. Het is wél lang geleden dat je nog bij haar thuis bent geweest. In haar woning heerst er een aangename warmte van de houtkachel die brandt. Bij jou thuis heb je geen houtkachel maar werkt alles op elektriciteit, wat toch onmiddellijk een heel ander gevoel van warmte geeft. De warmte van een houtkachel op een strenge winterdag is zo aangenaam dat je er gemakkelijk van in slaap zou kunnen vallen eens je in de zetel zou liggen. Terwijl je in gesprek bent met je vriendin, krijg je plots een vreemd voorgevoel alsof er een soort van ontploffing ontstaat die je werkelijk kunt horen, waardoor je van het schrikken een schok door je lichaam voelt gaan. Je vriendin kan aan je houding zien dat je ergens van bent geschrokken. Je wordt even lijkbleek en beseft dat je het haar in principe moet vertellen, omdat ze aan je uiterlijk kon zien dat je was geschrokken van iets. Je vertelt haar dat je een ongelooflijke knal hoorde, alsof er iets ontplofte. Daarop vraagt ze: 'Heeft het iets met hier thuis te maken of weet je waar het anders mee te maken kan hebben?'

Naomi's advies:

Dit is een situatie die duidelijk aantoont dat je vriendin werkelijk iets te wachten staat. Een voorgevoel is niet altijd zo duidelijk als in dit voorbeeld. Toch kan dit ook werkelijk gebeuren en is het belangrijk dat je zo'n voorgevoel altijd tegen iemand vertelt, ook als je geen innerlijke schok had ervaren waardoor je het misschien had kunnen verbergen. Het gemakkelijkst om over voorgevoelens en ingevingen te praten is met mensen die je goed kent. Toch zou je het in deze situatie ook moeten kunnen vertellen tegen iemand die je minder goed of helemaal niet kent, mocht dit gebeuren op een andere locatie. De symptomen die kunnen ontstaan doordat je voorgevoelens en ingevingen ontvangt, kunnen soms uiterlijk waargenomen worden bij zowel mens als dier. Denk maar bijvoorbeeld aan een schok die je ervaart, lijkbleek worden, plots beginnen te zweten, je misselijk voelen enzovoort.

Naomi's tip:
Als je een negatief voorgevoel ervaart, tracht jezelf er dan niet voor af te sluiten maar probeer innerlijk achter antwoorden te komen waarom je bijvoorbeeld een ontploffing hoorde. Het is belangrijk dat je na het ontvangen van zo'n negatief voorgevoel probeert je gedachten op iets anders te focussen, zodat je even op een positieve manier wordt afgeleid. Nadien kun je jezelf opnieuw openstellen door alle dingen te overlopen die je samen met je vriendin hebt gedaan nét voor je dat voorgevoel hebt mogen ontvangen, zodat je kunt achterhalen of het eventueel daar al iets mee te maken zou kunnen hebben. Als dat het geval is, dan zul je opnieuw een voorgevoel mogen ontvangen dat je steeds dichter zal brengen bij de ontploffing die je eerder hebt gehoord, in dit voorbeeld zou het zeker kunnen gaan om de houtkachel. ***Tot slot:*** als je zo'n sterk én duidelijk voorgevoel mag ontvangen, wees er dan maar zeker van dat je ook te weten kunt komen waarmee het te maken heeft, zodat die ontploffing misschien voorkomen kan worden!

Voorbeeld 14

Veronderstel dat je in je brievenbus een flyer ontvangt over een open dag van een nieuwe hondenschool die aanstaande zaterdag en zondag doorgaat. Er worden onder andere verschillende demo's gegeven en iedereen is vrijblijvend uitgenodigd om een kijkje te komen nemen. Je beslist om er zondag met enkele vrienden naartoe te gaan omdat je ook een hond hebt en je vrienden gek zijn op honden. Die dag vertrek je er met een klein groepje naartoe en terwijl je op weg bent naar de hondenschool bespreek je wat jullie nadien nog samen zouden kunnen doen. Een van je vrienden stelt voor om iets te gaan eten, daarna lekker een terrasje te gaan doen en eventueel in een club nog een cocktail te gaan drinken als afsluiting van het weekend. Op een bepaald moment krijg je een aangenaam voorgevoel en ruik je plotseling de geur van verse spaghetti. Je kunt het zo sterk ruiken, alsof iemand stiekem spaghetti in de auto heeft meegenomen, dat je al begint te watertanden. Al lachend vertel je dat je de geur van spaghetti ruikt en vraag je aan je vrienden of ze die geur ook kunnen ruiken. Je vrienden schudden ontkennend hun hoofd en zeggen dat ze geen spaghetti ruiken. Ze zeggen: 'Haha, jij hebt dus zin in spaghetti, je mag dat gerust zeggen, je hoeft daarvoor niets te ruiken ☺.' Je antwoordt: 'Neen, ik had eigenlijk zin in een goede steak met frieten, maar rook plotseling écht heel sterk spaghetti, waardoor ik er onmiddellijk zin in kreeg.' Je vrienden moeten erom lachen en antwoorden: 'We zullen straks nog wel zien wat we samen gaan eten.' Als je aankomt in de hondenschool zie je een bordje uithangen waarop staat: 'Ter verwelkoming kan iedereen om 16u een groot bord verse spaghetti krijgen voor slechts 5 euro.' Je kijkt je vrienden aan en zegt: 'Ik weet wat we gaan eten, en jullie?' Iedereen ligt in een deuk van het lachen en denkt echt dat jij op voorhand geweten moet hebben dat je er spaghetti kon krijgen, jij weet dat het niet zo is maar je beleeft er wél plezier aan. Het was namelijk een fijne ervaring om de geur van spaghetti op voorhand te mogen ruiken.

Naomi's advies:
Soms kunnen voorgevoelens en ingevingen heel fijn zijn om te mogen ervaren maar helaas heb je dat niet te kiezen. Het zou gemakkelijk zijn mocht je bijvoorbeeld altijd op voorhand dingen kunnen proeven alvorens je een bestelling doet in een restaurant ☺. Dit is een leuk voorbeeld dat aantoont dat iedereen weleens op voorhand écht iets kan proeven dat nadien uitkomt, zonder het uiteraard te manipuleren. De uitkomst moet dan ook spontaan op je weg komen. Voorgevoelens en ingevingen die aangenaam zijn zullen ook veel gemakkelijker verteld worden dan als ze niet aangenaam zijn.

Naomi's tip:
Het is belangrijk dat je tracht spontaan te zijn en afhankelijk van de situatie kun je er tevens plezier om maken zonder dat je jezelf probeert te bewijzen dat je er echt niets van wist. Het is ook niet belangrijk om dat aan te tonen aan je vrienden, maar het is wél belangrijk voor jou om te weten dat de geur die je op voorhand hebt mogen ruiken wel correct was, wat je zelfvertrouwen zal geven in voorgevoelens. ***Tot slot:*** het leven kan soms *heavy* genoeg zijn, geniet daarom ook van de kleine fijne ervaringen die je spontaan mag voelen of ontvangen!

Voorbeeld 15
Iedere keer dat je met je bromfiets aan een bepaald kruispunt komt, krijg je onmiddellijk een sterk voorgevoel dat je

heel erg moet oppassen om met je bromfiets niet onderuit te glijden. Nochtans houd je jezelf goed aan de snelheid en rijd je zelden of nooit te hard. Toch laat dat negatieve gevoel je niet los en krijg je iedere keer een panische angst als je nog maar in de buurt van dat kruispunt komt. Als het mogelijk is probeer je het kruispunt zoveel mogelijk te vermijden als je er niet écht moet passeren. Enkele weken later begint het te vriezen en wordt je angst om daarlangs te rijden nog veel groter dan voorheen. Je denkt: ik zal glijpartijen proberen te vermijden door iedere keer als ik dat kruispunt nader van mijn bromfiets te stappen, verder te wandelen tot ik ver genoeg ben en dan weer veilig op mijn bromfiets te stappen. Deze techniek pas je probleemloos toe iedere keer als je langs dat kruispunt moet komen. Het bizarre is dat je ondanks deze techniek nog steeds van die voorgevoelens blijft ontvangen en ze worden zelfs nog sterker, want nu zie je soms ook al een beeld van jezelf dat je aan dat kruispunt met je bromfiets onderuitglijdt, waardoor je angsten serieus toenemen. Je begint erover na te denken dat uitglijden eigenlijk onmogelijk is omdat je iedere keer van je bromfiets stapt als je bijna aan het kruispunt bent. Tot je er op een dag weer voorbij moet, je stapvoets het kruispunt nadert, er in volle snelheid een vrachtwagen over de weg vliegt, begint te slingeren en je daarbij meesleurt.

Naomi's advies:
Helaas kan het gebeuren dat sommige voorgevoelens niet voorkomen kunnen worden en je ze toch mag ontvangen. Ik hoor je al denken: dan liever geen voorgevoelens ontvangen als ze zo negatief zijn. Maar dat is nu eenmaal het leven, want niet alles in het leven gaat altijd zoals gewenst en ook dat is weer een levensles, al betekent dit dat het je einde hier op aarde kan zijn. Negatieve voorgevoelens kunnen ver-

sterkt worden door bepaalde angsten die zelfs ook andere situaties kunnen uitlokken of bewerkstelligen. Aangezien er eerst sprake was van een sterk voorgevoel en daarna een duidelijk beeld, vrees ik dat die situatie bijna onvermijdelijk was. Vergeet niet: eenmaal je tijd gekomen is, dan is hij er. Als je dingen probeert te vermijden of te wijzigen zoals in dit voorbeeld te voet verder wandelen, zal dat alleen de manier waarop kunnen veranderen.

Naomi's tip:
In hoeverre iets werkelijk zal gebeuren hangt af van welk lot je beschoren is en daarover beslist gene zijde. Een medium kan je soms ook antwoorden geven op bepaalde dingen die belangrijk voor je zijn. Maar houd hier rekening mee: een medium weet niet alles en mag je soms ook niet alles vertellen. Dit zal afhangen van persoon tot persoon en van situatie tot situatie, en ook hoe krachtig en sterk de oergids van het medium is zal bepalend zijn voor hoeveel informatie deze mag ontvangen en doorgeven. ***Tot slot:*** indien je een negatief gevoel ervaart of negatieve informatie ontvangt, is het heel belangrijk te weten dat het niet altijd het einde op aarde betekent!

Voorbeeld 16
Op een vrijdagavond heb je samen met je zussen afgesproken om bij gezamenlijke vrienden iets te gaan eten. Regelmatig worden er van die gezellige eetavondjes georganiseerd die in een beurtrol bij jou, je zussen en gezamenlijke vrienden doorgaan. Het is een toffe manier om de banden te onderhouden en tegelijkertijd van een fijne en ontspannen avond te kunnen genieten. Het is alleen geen gewone avond zoals anders, want wat je op dat moment meemaakt is een heel vreemde belevenis. Terwijl je lekker aan het eten bent

en met zijn allen een glaasje wijn drinkt, gebeurt er iets onverwachts. Je krijgt plotseling de ingeving van CO-vergiftiging, het kwam kort en krachtig ineens in je gedachten. Je denkt bij jezelf: wat heeft dat nu te betekenen en wat moet ik ermee doen? Je vertelt er tegen niemand iets over omdat je niet goed weet of het met de woning te maken heeft en of het wel belangrijk is om het te vertellen. Na het eten nemen jullie plaats in de veranda om met zijn allen samen nog enkele gezelschapsspelen te doen. Op een bepaald moment krijg je opnieuw die ingeving van CO-vergiftiging, gevolgd door enkele sterke voorgevoelens die je kunt voelen en ook ruiken. Je voelt je ineens onwel worden, je krijgt braakneigingen, erge hoofdpijn, het gevoel alsof je zweeft in je hoofd en een sterke vermoeidheid die plots je lichaam en geest overheerst. Iedereen kijkt jou aan en vraagt: 'Gaat het met je, is er iets wat we kunnen doen?' Je denkt bij jezelf: zou ik het nu zeggen wat ik heb ervaren of ben ik misschien ziek aan het worden en is dat de reden waarom ik me zo slecht voel? Onmiddellijk ruik je als antwoord een doordringende geur zoals van gas.

Naomi's advies:

Indien je tijdens een ontspannen moment een ingeving ervaart is het heel belangrijk dat je er aandacht aan besteedt, want meestal komen zulke ingevingen op momenten van ontspanning. Dat komt omdat je dan verstandelijk niet bewust met iets bezig bent waardoor je ook gemakkelijker de dingen kunt aanvoelen, of ze nu positief of negatief zijn. Als je er aandacht aan besteedt door bijvoorbeeld jezelf af te vragen wat het te betekenen heeft en wat je ermee moet doen, dan stel je jezelf op dat moment innerlijk bewuster open om nog meer gevoelens of informatie te kunnen ontvangen. Je kunt het geluk hebben dat de ingeving die je hebt mogen ontvangen versterkt wordt door de voorgevoelens die je nadien mag ervaren, zodat je meer dan één bewijs hebt gekregen dat er inderdaad iets niet juist is. Het is nuttig om ook even na te denken over de symptomen die jij op dat moment ervaart, om die nadien als een puzzel in elkaar te doen passen en zo te weten te komen waarmee het te maken heeft.

Naomi's tip:
Voorgevoelens en ingevingen die je mag ontvangen zijn spirituele activiteiten die moeilijk of niet bewezen kunnen worden. Denk maar even aan CO of ook koolmonoxide genoemd, het is een kleurloos, reukloos en smaakloos gas. Dat betekent dat je het niet kunt zien, ruiken of proeven. Toch is dit mogelijk, indien je het mag ervaren via een sterk voorgevoel of ingeving. Je kunt dan spreken over een spirituele activiteit die via een voorgevoel of ingeving ontvangen is geweest, waardoor je zintuigen meer ruiken dan normaal, vandaar dat je kunt spreken van een zesde zintuig ruiken. ***Tot slot:*** indien je na een duidelijke ingeving verder niets meer voelt of ontvangt, kan het toch heel belangrijk zijn dat je er iets over vertelt omdat het ook iemands leven kan redden, geef bijvoorbeeld de tip mee om een CO-detector aan te schaffen!

Voorbeeld 17
Is het je al eens overkomen dat je een ingeving mocht ontvangen over een serieuze ziekte bij een persoon of dier die nadien door een dokter of dierenarts kon vastgesteld worden? Of heb je het al eens meegemaakt dat je een ingeving mocht ontvangen over het overlijden van een persoon of dier die nadien ook uitkwam? Dat is een van de moeilijkste situaties die je als mens op aarde kunt meemaken. De reden

hiervoor is dat je na zo'n ingeving meestal het gevoel zult ervaren dat je machteloos staat, alsof je met je rug tegen de muur staat. Je zou kunnen proberen die ingeving, die negatieve gedachte te negeren, maar je zult merken dat het heel moeilijk is om dat ook effectief te doen, zeker als het om een mens of dier gaat dat je heel dierbaar is. Hoe ga je het best met zulke situaties om, zou je het overwegen om het te vertellen of denk je al op voorhand dat het beter is te zwijgen? Vele vragen die je niet meer loslaten tot je echt weet hoe je hiermee nu het best kunt omgaan.

Naomi's advies:
Een ingeving die niet aangenaam is om te mogen ontvangen komt altijd als een donderslag bij heldere hemel. Het kan ieder mens van de ene op de andere dag volledig uit zijn balans halen. Omgaan met minder aangename ingevingen hoort nu eenmaal bij het leven en is een belangrijke levensles. Je moet trachten op een positieve manier met een negatieve ingeving om te leren gaan, door onder andere te beseffen dat vroeg of laat iedereen zal sterven. Het afgeven van een dierbare komt altijd veel te vroeg, ongeacht de leeftijd die hij bereikt heeft. Vergeet niet dat het ook voor de ernstig zieke persoon emotioneel zwaar is te weten dat hij de ziekte niet zal overwinnen en er uiteindelijk aan zal overlijden. Op dat moment moet je vooral proberen er voor de persoon of het dier te zijn, want jouw aanwezigheid kan hem helpen door zijn ziekteproces of overgangsfase naar gene zijde. De reden waarom je die ingeving ontvangt is om je innerlijk te kunnen voorbereiden op iets wat gaat komen, met ook de mogelijkheid dat de persoon of het dier kan overlijden. Het is ook belangrijk dat je probeert jezelf innerlijk op te krikken, zodat je op de juiste manier, met de juiste houding de persoon of het dier kunt steunen indien nodig.

Naomi's tip:
Als je een ingeving mag ontvangen met de naam van een ziekte, wees dan altijd voorzichtig om die naar buiten te brengen. Mocht je een ingeving over een serieuze ziekte ontvangen, kan het nooit kwaad en zelfs nuttig zijn dat je de persoon of het baasje van het dier adviseert om naar een specialist te gaan voor een grondig onderzoek. Het is ook belangrijk om te weten dat als er iemand op sterven ligt, je hem alleen een bezoekje zou mogen brengen als je de juiste houding aanneemt. Dat betekent dat je de juiste energie moet uitstralen, zodat je tijdens de overgangsfase innerlijk de persoon of het dier uiteindelijk kunt loslaten. Indien je met de verkeerde energie een bezoekje zou brengen, dan betekent dit dat je de persoon of het dier niet wilt loslaten en er alles aan zult doen om van de stervende aandacht te vragen. Daardoor zal de ziel ook bepaalde pijnen ervaren tijdens de overgangsfase omdat je geen afstand hebt willen nemen, ongeacht je weet dat je aan de lotsbestemming van de stervende niets kunt veranderen. ***Tot slot:*** iedere situatie is écht anders en er bestaat geen vast schema over hoe het kan of moet zijn. Indien je wenst de hulp in te roepen van een medium, kan die je duidelijke richtlijnen geven zodat je er de kracht uit kunt putten die je nodig hebt en kunt gebruiken!

Voorbeeld 18
Al enkele jaren droom je ervan om een jonge tweedehandsauto te kunnen kopen. Je rijdt al verscheidene jaren met een oud versleten bakje rond en hoopt dat daar binnenkort eindelijk verandering in komt. Je hebt een tijd geleden je oog laten vallen op een rode Fiat Punto, je droomauto waarvoor je bijna het bedrag bij elkaar hebt gespaard dat je nodig hebt. Op een dag is het eindelijk zover, je hebt je centjes bij

elkaar en gaat via verschillende kranten en het internet op zoek naar een rode Fiat Punto met een maximumleeftijd van drie jaar. Op een gegeven moment zie je op het internet een rode Fiat Punto staan die nog maar anderhalf jaar oud is en die dringend weg moet omdat de eigenaar naar het buitenland verhuist. Er staat ook een vermelding bij dat de auto als tweede wagen heeft gediend om korte afstanden mee af te leggen. Op de teller zou maar dertienduizend kilometer staan en de prijs die men vraagt is een koopje. Je denkt bij jezelf dat dit een unieke kans is en belt onmiddellijk. Je krijgt een man aan de lijn die je vertelt dat hij er al verschillende telefoontjes voor heeft gekregen omdat de auto veel te goedkoop is, maar dat hij het zo heeft gedaan om hem snel te kunnen verkopen omdat hij naar het buitenland verhuist en zijn geld ook nodig heeft. Hij zegt ook dat de auto onlangs nog een onderhoudsbeurt heeft gehad maar nog niet naar de keuring is geweest. Je vraagt hem of je morgenavond een kijkje mag komen nemen. Hij antwoordt dat dat goed is, maar dat hij nog zal laten weten of deze afspraak wel kan doorgaan omdat diezelfde dag tussen 1 en 3 uur nog drie andere mensen komen kijken, waardoor de mogelijkheid bestaat dat de auto dan al verkocht is. Je grijpt je kans en vraagt hem of je niet voor 1 uur mag komen kijken en dat je contant geld zult meebrengen voor het geval je die auto zou kopen. Hij gaat ermee akkoord maar zegt er duidelijk bij dat je met de auto zelf naar de keuring zult moeten gaan. Je vindt dat absoluut geen probleem en op het moment dat je de telefoon neerlegt, spring je een gat in de lucht van blijdschap omdat je lekker toch de eerste bent die kan gaan kijken ☺. Net voor je gaat slapen krijg je een ingeving dat je die auto niet mag kopen. Je probeert die negatieve gedachte uit je hoofd te zetten, spreekt jezelf wat optimistische woorden in en denkt bij jezelf dat je niet zo pessimistisch ingesteld moet zijn. De langverwachte dag breekt eindelijk aan. Als je bij de verkoper aankomt bekijk je vol bewondering die rode Fiat Punto en ben je er meer dan zeker van dat je hem wilt kopen. Op het moment dat je tot de koop wilt overgaan krijg je opnieuw een ingeving dat je die auto niet mag kopen, dat de verkoper corrupt is en bij een misdrijf betrokken is geweest. Je weet niet goed hoe je je moet houden en waarom je die negatieve gedachten door je heen krijgt. Je vraagt je af wat je nu in godsnaam moet doen. Je bedenkt dat als je die auto zou kopen, je nog bijna drieduizend euro zou overhebben, wat veel geld is en waarvoor je hard hebt moeten werken en ook lang hebt moeten sparen. Je hebt heel veel zin om hem toch te kopen ondanks die ingeving die je twee keer hebt mogen ontvangen, je wilt eigenlijk die gok wel wagen.

Naomi's advies:
Indien je al jaren een droom of een wens hebt om iets te bereiken, is het belangrijk dat je op het moment waarop je het kunt bereiken je beide benen goed op de grond houdt. Wees nuchter en win eventueel het advies in van mensen die er iets van kennen, zodat je geen kat in een zak koopt. Soms kan iets veel te mooi zijn om waar te zijn en misschien kun je beter iets voorzichtiger zijn dan naïef. Omdat die auto niet alleen een koopje is maar ook nog niet naar de keuring is geweest, zou ik mezelf daarbij toch ernstig vragen stellen. Wie weet heeft die ingeving die je hebt mogen ontvangen wel te maken met het feit dat die auto niet door de keuring is geraakt omdat er misschien iets ergs mee gebeurd is en men hem heel goed heeft opgelapt, zodat een leek er niets aan zou kunnen zien. Wat ook mogelijk kan zijn is dat er met die auto bijvoorbeeld een overval is gepleegd, men zou het van zo'n auto minder gemakkelijk verwachten en dus

net daarom kan hij daarvoor geschikt geweest zijn. Dat zou de verklaring kunnen zijn voor de woorden 'corrupt' en 'misdrijf' die je hebt mogen ontvangen. Het kunnen uiteenlopende zaken zijn maar het betekent alleszins niets goeds, zeker niet omdat je die ingeving ook al twee keer heel duidelijk hebt mogen ontvangen. Leer luisteren naar die ingevingen die je iets duidelijk maken, die je willen helpen iets in te zien, zodat je soms dingen kunt voorkomen. Als je niet luistert, loop je misschien meer dan één keer tegen de lamp en dan is het je eigen schuld. Vergeet niet: zolang er niets getekend is, is er niets definitief en is er nog niets gebeurd.

Naomi's tip:
Zorg ervoor dat je op de hoogte bent van wat er wettelijk allemaal in orde moet zijn. Neem eventueel iemand mee die er iets van kent, zodat die je raad kan geven over dingen waar je moet op letten en waar je zelf niet genoeg van af weet. Belangrijk is ook dat als je een afspraak met iemand hebt gemaakt, je ongeveer een uur vroeger komt dan afgesproken is, zodat bijvoorbeeld eventuele gebreken minder snel verdoezeld kunnen worden. Wees niet te snel blij als een deal rond is als je nog niet werkelijk weet of je een goede deal hebt gemaakt. In dit voorbeeld zou het helaas mogelijk kunnen zijn dat indien die auto gestolen is, je niet alleen je centjes kwijt bent die je erin gestoken hebt maar ook je auto, die je terug zult moeten geven aan de werkelijke eigenaar. Je kunt dan ook niet meer zeggen: joepie, ik heb nog drieduizend euro over ☹. ***Tot slot:*** indien iemand je belazerd heeft, dan heeft die persoon het heel goed tegen je kunnen uitleggen en ben jij er met beide voeten in getrapt, hij is de slimste geweest omdat jij je harde levensles nog niet hebt geleerd!

Voorbeeld 19

Een jaar geleden heeft jullie zoon zich van het leven beroofd door van een hoge brug naar beneden te springen. Hij belandde op een mobilhome, brak zijn nek en stierf ter plekke. Tot de dag van vandaag kunnen jullie het trauma nog steeds heel moeilijk verwerken omdat jullie het niet hebben zien aankomen, aangezien hij een vrolijke jongeman van zesentwintig jaar was, veel vrienden had met wie hij dikwijls optrok en een goede baan had. Het enige waar hij het weleens moeilijk mee kon hebben was dat hij nog steeds geen vaste relatie had. Maar de realiteit is dat iedereen het weleens moeilijk heeft met bepaalde dingen in het leven maar daarom nog niet onmiddellijk zelfmoord pleegt. Ondanks dat hij overleden is, hebben jullie het gevoel dat hij nog steeds aanwezig is. Het gebeurt regelmatig dat afwisselend een van jullie zijn stem kan horen, die als een soort echo klinkt. Op het moment dat dat gebeurt krijg je een sterk voorgevoel dat jullie precies op dezelfde manier ervaren, alsof je omringd wordt door een koude wind en tegelijkertijd zijn stem al galmend hoort in de verte. Het is geen gedachte, het is werkelijkheid en daarbij nog duidelijk ook. Jullie overleden zoon herhaalt steeds dezelfde woorden, namelijk: 'Pa... ma... Boogaerd.' De naam Boogaerd is een naam die jullie kennen omdat hij de huisdokter was van jullie overleden zoon. Toch kunnen jullie niet begrijpen waarom jullie zoon die naam steeds herhaalt, want verder had hij helemaal geen contact met die man. Jullie willen dit raadsel graag eindelijk opgelost zien, zodat de gemoedsrust en innerlijke rust in jullie zelf en in huis kan terugkeren. Want als ouders blijf je toch achter met heel wat onbeantwoorde vragen zoals: hadden we het kunnen voorkomen en wat was zijn motief?

Naomi's advies:

Iedere zelfmoord is een dramatische gebeurtenis die je niet altijd op voorhand ziet aankomen. Het is ontzettend moeilijk om als ouders of andere nabestaanden te kunnen begrijpen waarom men zich van het leven ontneemt. Ondanks dat men soms het motief weet, blijft het toch nog altijd een heel gevoelig onderwerp waar men ook de nodige tijd voor nodig heeft om het behoorlijk te kunnen verwerken. Het is heel belangrijk om te weten dat indien je de aanwezigheid van de overledene voelt kort na de datum van de zelfmoord, het heel goed mogelijk is dat de ziel van de overledene is blijven hangen tussen hemel en aarde. De reden kan zijn dat de ziel de nodige tijd niet heeft kunnen nemen om het lichaam langzaam te verlaten zoals de lotsbestemming voorzien had. Het is ook mogelijk dat de ziel van de overledene ervoor kiest om te blijven hangen tussen hemel en aarde omdat hij op aarde nog iets wil afwerken. Dat kan te maken hebben met verschillenden dingen, bijvoorbeeld: een steun die men jou wenst te geven, een oplossing voor een specifiek probleem, een inzicht zodat je de juiste beslissingen neemt maar ook het motief van de zelfmoord, zodat je gemoedsrust en innerlijke rust kan terugkeren. In dit voorbeeld probeert jullie overleden zoon jullie iets duidelijk te maken, waardoor hij zijn stem meermaals laat horen met een specifieke bedoeling en dat is dat jullie eindelijk iets met die informatie gaan doen. Tracht die naam uit te pluizen omdat hij die meermaals heeft herhaald, wie weet kan die dokter jullie toch nog meer vertellen dan wat jullie denken al te weten. Stel je maar eens voor dat die dokter Boogaerd een ongeneeslijke ziekte zou hebben vastgesteld bij jullie zoon, wie weet kan dat wel het motief geweest zijn?

Naomi's tip:
Wees je ervan bewust dat iemand soms alles in het leven kan hebben wat hij maar wenst maar toch innerlijk niet echt gelukkig is, wat een motief kan zijn voor zelfmoord. Je moet niet oud of ziek zijn om te sterven, sommigen ontnemen zich van het leven terwijl ze gezond waren maar innerlijk heel ongelukkig. Daarom is het belangrijk dat je dankbaar bent voor wat je hebt, al is het niet veel, maar als je innerlijk gelukkig bent, dan heb je het belangrijkste in je leven. Wees dankbaar dat er nog altijd mensen zijn die om je geven, je willen steunen bij het verlies, laat hen je helpen want daarvoor heb je vrienden. Als je een teken van de overledene mag ontvangen, ga er dan niet lichtzinnig mee om, maar wees dankbaar want niet iedereen mag evenveel voorgevoelens en ingevingen ontvangen. ***Tot slot:*** een medium kan je vertellen of een ziel is overgegaan naar gene zijde of niet en kan indien nodig die ziel begeleiden. Het is echter ook mogelijk dat indien een ziel is blijven hangen, ze uit zichzelf overgaat naar gene zijde op het moment dat ze op aarde datgene heeft afgewerkt wat ze wenste!

Voorbeeld 20
Op een avond komt je dochter van zeventien jaar thuis met haar nieuwe vriend om hem voor te stellen. Op het moment dat je hem ziet, krijg je spontaan een ingeving dat die jongen niet geschikt is voor haar en dat ze problemen met hem kan krijgen. Je vindt nochtans dat hij heel vriendelijk en volwassen overkomt, maar je kunt de informatie die je hebt mogen ontvangen niet zomaar uit je hoofd zetten. Het was ook niet jouw bedoeling om al op voorhand een stempel te drukken op die jongen terwijl je hem eigenlijk nog niet kent. Maar door het spontaan ontvangen van die ingeving verandert onmiddellijk je mening over de vriendelijkheid

en volwassenheid die die jongen uitstraalt. Als je eerst naar hem kijkt en dan naar je dochter ontvang je meermaals diezelfde ingeving, waardoor je het moeilijk hebt om te verbergen dat je die jongen eigenlijk helemaal niet moet. Je dochter merkt op een gegeven moment aan je houding dat je helemaal niet gelukkig met hem bent, waardoor ze je meteen een boze blik toewerpt die betekent dat je niets mag zeggen. Je beslist om voorlopig je mond te houden en niet onmiddellijk in discussie te gaan, tot hij vertrokken is en je eindelijk je mening kunt vertellen tegen haar. Je dochter heeft een sterk, eigenwijs karakter waardoor ze meestal snel in de verdediging gaat wanneer iets niet naar haar zin is. Je vertelt haar dat die jongen niet geschikt is, dat ze veel beter kan krijgen en dat hij ook niet bij haar past. Ze kijkt je heel teleurgesteld aan en wordt boos omdat je haar niet het gevoel hebt gegeven waarop ze had gehoopt, en dat is jouw aanvaarding en goedkeuring. Het ergste is dat je nadien begint te twijfelen en er niet honderd procent zeker van bent of je die situatie wel goed hebt aangepakt. Je bent bang dat het weleens een mening kon geweest zijn die ontstaan is uit je eigen perfecte denkwereldje.

Naomi's advies:
Ook al ontvang je een ingeving dat die jongen niet geschikt is en je dochter er problemen mee kan krijgen, vergeet niet dat zij zelf levenservaring moet kunnen opdoen zodat ze er de nodige levenslessen kan uit halen voor eigen haar spirituele groei, haar eigen ontwikkeling. Dat betekent dat je niet alles kunt voorkomen, hoe hard je ook je best doet. Soms kan het beter zijn om een klein beetje afstand te houden, zodat ze de kans heeft om zelf achter bepaalde dingen te komen. Tracht vooral geduld te hebben en koester de hoop dat ze snel haar levenslessen mag krijgen, zodat ze

nieuwe wegen kan bewandelen. Want wat je op voorhand ook probeert te doen of te zeggen, meestal komt dat toch bemoeizuchtig over, waardoor je een definitieve kloof kunt creëren tussen jou en je dochter, en dat is waarschijnlijk het laatste wat je wenst. Al heb je als ouder wel gelijk, aangezien je meermaals die ingevingen spontaan hebt mogen ontvangen, vergeet niet dat je je dochter ook de kans moet geven om de juiste persoon te ontmoeten. Je dochter kan pas die levensles krijgen op het moment dat ze iets uit haar ervaringen heeft geleerd, zodat ze werkelijk weet wat ze zoekt in haar leven en wat er innerlijk bij haar past. *Een nadenkertje:* je kunt wél de juiste maat van je dekseltje gevonden hebben, maar daarom zit het nog niet levenslang comfortabel!

Naomi's tip:
Sommige mensen hebben een bepaalde manier van denken en handelen die voor hen de enige perfecte manier is. Ze hopen en verlangen dat anderen het ook eens zijn met hun manier van denken en handelen. Daardoor zullen ze al snel een bepaald doel voor iemand uitstippelen waar ze heel veel belang aan hechten, met de hoop dat die persoon mooi tussen de twee lijnen blijft lopen. Zij moeten beseffen dat iedereen vrij moet kunnen zijn om een eigen manier van denken en handelen te vinden waarbij hij zichzelf het best voelt. Het is nooit goed om iemands leven in een bepaalde richting te duwen om iets wat bijvoorbeeld jouw wens was. Indien je in dit voorbeeld een mening zou gevormd hebben die is ontstaan uit je eigen perfecte denkwereldje, dan zou je nooit spontaan een ingeving hebben ontvangen waarvan de informatie het tegenovergestelde is van wat je bij die jongen hebt waargenomen. Ook zou je niet meermaals dezelfde ingevingen blijven ontvangen waardoor je op een bepaald moment gevoelsmatig en verstandelijk met jezelf in

de knoop kunt liggen. Concreet wil dit zeggen: een mening die je bewust vormt ontstaat uit je eigen perfecte denkwereldje en een ingeving die je spontaan ontvangt vormt een gedachte die van gene zijde komt. ***Tot slot:*** let erop dat je de ingevingen die je spontaan mag ontvangen steeds met de juiste woorden tracht over te brengen zoals ze werkelijk zijn ontvangen geweest, dat betekent zonder er een truitje aan te breien of ineens van truitje te veranderen om de situatie te kunnen beïnvloeden!

De kracht van voorgevoelens en ingevingen:

Wat gebeurt er als je er niet naar luistert?

Het hangt af van welke sterke gevoelens en doordringende informatie je innerlijk spontaan mag ontvangen hoe nadelig het voor jezelf, een andere persoon of een dier kan zijn indien je er niet naar zou luisteren. Dat betekent dat je ervoor kiest om er niet bij stil te staan, er niet naar luistert en met de voorgevoelens en ingevingen die je hebt mogen ontvangen ook niets doet. Het is niet omdat je er niets mee doet, dat je verder geen voorgevoelens en ingevingen meer zult ontvangen. Uiteraard zal het wél verminderen, maar het helemaal uitschakelen is onmogelijk. Je kunt ervoor kiezen om er niet bewust mee om te gaan, maar indien er een situatie zou ontstaan die je mogelijk had kunnen voorkomen, wees er dan maar zeker van dat die voorgevoelens en ingevingen die je eerder over die situatie hebt mogen ontvangen in je hoofd zullen rondtollen uit teleurstelling, frustratie, schuldgevoel enzovoort. Het komt erop neer dat je vroeg of laat toch met je neus op de feiten wordt gedrukt, is het niet door een situatie die nadien ontstaat waarvan je op de hoogte was dan is het door andere mensen die je vertellen hoe je bewust kunt omgaan met mogelijk belangrijke voorgevoelens en ingevingen, zonder dat ze weten dat jij vroeger al sterke gevoelens en doordringende informatie hebt mogen ontvangen. Mensen kunnen soms onbewust bepaalde dingen tegen je zeggen waarmee ze de spijker op de kop slaan.

Je kunt trachten die voorgevoelens en ingevingen die je spontaan hebt mogen ontvangen te verbergen, maar vroeg of laat krijgen anderen het toch in het vizier dat je veel meer weet dan je laat uitschijnen, ook al probeer je heel sceptisch te doen. Een houding kan namelijk sterk verraden hoe jij jezelf innerlijk écht voelt en wat je van tevoren hebt geweten.

In eerste instantie maak je het vooral voor jezelf innerlijk moeilijk alsook voor diegenen die dicht bij je staan en veel van je houden, als je niet leert luisteren naar de voorgevoelens en ingevingen die je mag ontvangen. Daardoor kan het weleens gebeuren dat je een verkeerde weg bewandelt, waardoor je meer negatieve dingen op je pad kunt krijgen. Op een gegeven moment houdt gene zijde namelijk een beetje afstand indien men ondervindt dat je toch niet luistert naar de waarschuwingen, zodat je op den duur je eigen boontjes maar moet doppen. Daarbij hoopt gene zijde dat je uiteindelijk het inzicht en het besef krijgt dat je toch zult moeten leren luisteren naar de dingen die in je leven gebeurd zijn waarvan je meerdere keren een sterk voorgevoel of doordringende informatie hebt mogen ontvangen.

Indien je regelmatig en vrij veel voorgevoelens en ingevingen spontaan mag ontvangen en je leert er niet naar luisteren, is het mogelijk dat je er geestelijk onder bezwijkt. Als je de innerlijke druk van sterke gevoelens en informatie niet onder ogen wenst te zien, zul je met een negatief voorgevoel dat je mag ontvangen niet willen omgaan, wat een geestelijke foltering kan zijn. Zeker als je bijvoorbeeld vooraf zou hebben gevoeld of geweten dat een dierbare zou overlijden, maar dat je ervoor gekozen hebt om dat gevoel of die informatie vooral te verdringen. Het is ook mogelijk dat je door het verdringen van gevoelens en informatie niet goed kunt functioneren in de maatschappij, alsof je jezelf een vreemde eend in de bijt voelt, waardoor je met je innerlijke positieve en negatieve emoties niet weet om te gaan. Niet willen luisteren naar voorgevoelens en ingevingen is ervoor kiezen om op een onbewuste manier je leven te leiden, waardoor alles eentoniger zal zijn en je innerlijk veel minder zal mogen ervaren, met als gevolg dat je minder kansen aangeboden krijgt om gelukkig te zijn, om sterker met bepaalde situaties om te kunnen gaan enzovoort. Onbewust leven is leven van dag tot dag, waardoor het kan gebeuren dat je op een bepaalde dag nergens nog om geeft, omdat je bij de geringste tegenslag al in een dip geraakt.

Niet willen luisteren naar voorgevoelens en ingevingen zorgt ervoor dat je je geestelijk niet verder kunt ontwikkelen en dat je mogelijk zelfs een of meerdere stappen achteruitgaat. Op een gegeven moment zul je ook minder intuïtief kunnen aanvoelen, waardoor je je uiteraard ook minder intuïtief kunt ontwikkelen. De mogelijkheid bestaat dat je blijft hangen op een bepaald niveau in je leven, waardoor je het gevoel kunt hebben dat je moet opboksen tegen alles wat je maar tegenkomt. Hierdoor kun je geestelijk gemakkelijk verstrikt geraken in een web van meerdere keuzes waar je moeilijk of niet uit geraakt.

Een lijst met de meest voorkomende nadelen:

- dat je innerlijk het gevoel niet kunt ervaren een belangrijke steun voor iemand te zijn
- dat je het moeilijker kunt hebben met jezelf omdat je iets niet hebt kunnen voorbereiden
- dat je sneller negatieve situaties meemaakt omdat je geen geruststelling kunt ervaren

- dat je het geluk niet kunt ervaren, waardoor je blindelings mooie kansen hebt laten gaan
- dat je niet kunt communiceren met dieren omdat je innerlijk niet hebt willen luisteren
- dat je het gevoel niet kunt ervaren hoe het is om onverwacht iemand gelukkig te maken
- dat je je innerlijk niet kunt ontwikkelen, waardoor je zelfvertrouwen eveneens niet groeit
- dat je humor moet missen die een positieve invloed op iedereen had kunnen hebben
- dat je spijt zult krijgen en ook boos zult zijn omdat je een situatie had kunnen voorkomen
- dat je meerdere kansen hebt gemist, waardoor je geen wens in vervulling kon laten gaan
- dat je je innerlijk vragen zult blijven stellen hoe je dingen anders had kunnen aanpakken
- dat je niet weet wat je doel in je leven is en daarom minder actie in je leven onderneemt
- dat je hoop blijft koesteren in iets negatiefs terwijl je al een ommekeer had kunnen maken
- dat je moet leren leven met het feit dat je had kunnen voorkomen dat iemand zou sterven
- dat je een ziekte had kunnen ontdekken, waardoor genezing mogelijk was geweest
- dat je eens de tijd rijp is spijt zult krijgen dat je niet werkelijk bewust geleefd hebt
- dat je geen liefde, vriendschap of respect zult krijgen, waardoor je waardering mist
- dat je in een slechte relatie blijft zitten terwijl je de juiste partner al had kunnen ontmoeten
- dat je een kans kunt missen om de ziel van je overleden dier terug bij je te laten komen
- dat je spijt kunt krijgen omdat je iets niet gedaan of gezegd hebt alvorens het noodlot toesloeg

- dat je opgelicht en bedrogen kunt worden, waardoor je de kans om succesvol te zijn mist
- dat je geen antwoord krijgt dat je duidelijk had kunnen maken waarom iets gebeurd is
- dat je geen spiritueel contact kunt maken met een dierbare overleden persoon of dier
- dat je altijd zult blijven twijfelen, waardoor de kleine belangrijke dingen worden vergeten
- dat je geen bijzondere ervaringen kunt beleven die je ziel hadden kunnen voeden

Goed om te weten:
Vergeet niet dat overleden mensen en dieren die je gekend hebt en waar je zielsveel van hebt gehouden ook ontzettend droevig en teleurgesteld kunnen zijn aan gene zijde als ze zien dat jij niet luistert naar voorgevoelens en ingevingen die je mogelijk ook van hen mag ontvangen. Deze lichtwezens, zielen aan gene zijde trachten je te begeleiden door je dingen duidelijk te maken in je leven. Ze proberen namelijk de kracht te zijn van de voorgevoelens en ingevingen die je spontaan mag ontvangen. Zielen aan gene zijde kunnen hun *hoop* verliezen als ze zien dat jij bijvoorbeeld niet om het leven geeft, laat staan ervoor openstaat om sterke gevoelens of doordringende informatie te mogen ontvangen. Indien dit gebeurt blijven ze ondanks alles nog steeds onvoorwaardelijk van je houden, alleen maak je de afstand groter. Dat komt omdat zielen aan gene zijde je dan moeilijker kunnen bereiken, niet omdat ze niet bij je geraken maar omdat ze door andere zielen met een hogere rang sterk worden tegengehouden, die vinden dat je het innerlijk contact moet verdienen. Ook is het mogelijk dat indien je niet leert luisteren naar voorgevoelens en ingevingen, je daardoor bijvoorbeeld iemand die op dat moment aan het sterven is

geestelijk kunt tegenhouden, waardoor zijn ziel tussen hemel en aarde kan blijven hangen. Je kunt ook de verkeerde voeding geven aan zielen die al zijn blijven hangen tussen hemel en aarde doordat je hen speciaal gaat oproepen zoals met glaasje draaien, wat uiterst gevaarlijk en dom is om te doen, want je weet niet wat je je daarmee op de hals haalt. Zielen die zijn blijven hangen tussen hemel en aarde kunnen voor heel wat problemen zorgen zoals voorwerpen die spontaan rondvliegen in huis, of geluiden die je duidelijk hoort en die irritant zijn, of ze beroven je van je energie waardoor je iedere dag vermoeid opstaat en gaat slapen.

Belangrijk: niet luisteren naar voorgevoelens en ingevingen belemmert de levenslessen die je moet leren voor je geestelijke verrijking, je spirituele groei, met andere woorden je eigen ontwikkeling, en mogelijk ook die van iemand anders die je heel dierbaar is omdat je hem onbewust kunt meetrekken in je wereld van sterkte maar ook zwakheid. Daardoor kun je je eigen leven alsook dat van iemand anders nog moeilijker maken dan voorzien was, waardoor je een wijziging kunt aanbrengen aan het karma, dat betekent de goede en slechte daden die je stelt van je geboorte tot je overlijden. Het is zoals het spreekwoord luidt: 'wie niet horen wil, moet voelen', het is een grote waarheid waar veel achter schuilt ☺. Gene zijde straft je nooit, jij straft immers jezelf omdat je bijvoorbeeld een aantal levenslessen op aarde niet wilt leren.

Je oergids is jouw levensvriend die je onvoorwaardelijk steunt, liefheeft en vergevensgezind is ongeacht de keuzes die je maakt. Het is de stem die schuilt achter je intuïtie. Je oergids zou ook ontzettend teleurgesteld zijn mocht je niet luisteren naar de vibraties die je spontaan mag ontvangen als een soort van trilling die omgezet wordt in een bepaalde energie, waardoor je een belangrijke bron van meldingen meermaals kunt ontvangen via voorgevoelens en ingevingen!

De spiegel van je innerlijke ik, de kern

De kracht die jouw ziel uitstraalt is de spiegel van je innerlijke ik, de kern. Sommige mensen ervaren die als een positieve of negatieve kracht die je op hen overbrengt. Afhankelijk van hoe je innerlijk bent ingesteld zal die kracht resulteren in een positieve of negatieve energie, die aangenaam of juist als energieopslorpend kan ervaren worden. Als dit gebeurt in de positieve zin, zend je een ongelooflijke onverwoestbare kracht uit, alsof niemand je kan beroven van jouw energie en je blijvend kunt presteren. Indien dit gebeurt in de negatieve zin, zend je een sterk de aandacht trekkende depressieve kracht uit, alsof je anderen van hun energie wilt beroven om in evenwicht te kunnen geraken en te presteren. In dat laatste geval kun je geen succes boeken in je leven, omdat je die kracht nodig hebt om innerlijk te kunnen groeien en gelukkig te zijn.

Goed om te weten:

Iemand met een oude ziel heeft al veel levens meegemaakt op aarde, veel levenservaring opgedaan en de nodige levenslessen eruit gehaald. Dat betekent ook dat iemand met een oude ziel een krachtige uitstraling heeft, aangezien die persoon leeft vanuit de innerlijke ik, de kern, waardoor alles veel gevoelsmatiger wordt beleefd en men anderen gemakkelijk in hun waarde kan laten. Als je die kracht als spiegel van je innerlijke ik kunt ervaren, wees er dan maar van overtuigd dat je doelbewust leeft en nog verder kunt komen in je leven.

Naomi's inzicht:
Mensen die altijd negatieve dingen zeggen, bemoeien zich gemakkelijk met het leven van anderen door hen te veroordelen en te denken het altijd beter te weten, waardoor ze kostbare tijd verliezen om ten volle van het leven te kunnen genieten. Als je met zulke mensen te maken hebt, kun je beter echt afstand van hen nemen dan aandacht aan hen te schenken, omdat ze als een soort bloedzuiger jou van je energie kunnen beroven, waarvoor je zelf verantwoordelijk bent omdat je dit laat gebeuren. Mensen die positieve dingen zeggen, bemoeien zich niet met anderen en houden zich er ook niet mee bezig om ergens bij te horen maar zijn altijd zichzelf, waardoor ze hun kostbare tijd nuttig kunnen besteden om er innerlijk veel voldoening uit te halen. Je kunt dan ook beter met zulke mensen te maken hebben, met wie je veel verder kunt komen in je leven en die je respecteren om wie je bent. ***Tot slot:*** de spiegel van je innerlijke ik, de kern, is een afdruk van je ziel!

Soms kan het gebeuren dat je hulp nodig hebt, iemand die je op weg helpt dat negatieve patroon in jezelf te doorbreken door de confrontatie met je innerlijke ik aan te gaan. Vanuit die positie kan er langzaam maar zeker een positieve evolutie ontstaan waardoor de kracht in jezelf kan toenemen, je van jezelf leert houden en je ook die kracht kunt ervaren die je nodig hebt om je doelstellingen te kunnen verwezenlijken.

Laat mij je nu als eerste op weg helpen met deze drie belangrijke oefeningen, zodat je op een dag in de spiegel een krachtige weerkaatsing van je innerlijke ik, je ziel mag waarnemen. Je zult trots zijn op jezelf omdat je geleerd hebt en ook hebt volgehouden om bewust om te gaan met je innerlijke ik, waardoor je alles positief hebt weten te stimuleren en daardoor succes kunt boeken in je leven. Het is dus nooit te laat om in jezelf iets te veranderen. Indien je erin slaagt om deze drie oefeningen onder controle te krijgen tot je iets hebt bereikt, wees je er dan van bewust dat je die positieve ommekeer vooral te danken hebt aan je sterke doorzettingsvermogen. Onderschat jezelf niet, stel je open, kijk en ervaar wat het innerlijk met je kan doen...

Oefening 1: ***De kracht in jezelf laten toenemen***

Deze oefening heeft het meeste resultaat als je ze kunt doen op een plaats waar je helemaal tot rust kunt komen. In sommige gevallen is het af te raden om ze thuis te doen, indien er daar te veel confrontaties zijn geweest of aan die plaats te veel negatieve herinneringen kleven. Je kunt deze oefening bijvoorbeeld ook gewoon in je tuin doen, indien dat de enige plaats zou zijn die van alle negativiteit gespaard is gebleven. Het is belangrijk dat je ergens gaat zitten of liggen, in een houding waarbij je jezelf het best voelt. Sluit je ogen en verplicht jezelf om vijf positieve herinneringen op te roepen en je gevoelens daarbij te laten gaan. Dat mag bijvoorbeeld iets zijn uit je jeugd of een situatie die je heel lang geleden of misschien onlangs nog hebt meegemaakt, waardoor je gevoelsmatig een aantal aangename herinneringen herbeleeft. Het kan gebeuren dat je begint te glimlachen, maar het is ook mogelijk dat je hardop begint te lachen. Indien je door het herbeleven uiterlijk iets mag ervaren zoals in deze situatie glimlachen of lachen, besef dan dat dit een positieve stimulans is voor je ziel en dat is juist de bedoeling van deze oefening. Het is daarom belangrijk dat je tijdens de herbeleving ook de tijd neemt om iets gevoelsmatig te kunnen ervaren waardoor er uiterlijk iets kan gebeuren, bijvoorbeeld het ontstaan van een glimlach of een veranderende lichaamshouding omdat je jezelf innerlijk volledig kunt ontspannen. Neem dus de tijd die je nodig hebt om er gevoelsmatig het maximum uit te kunnen halen alvorens je een volgende herinnering ophaalt. Door je ogen te sluiten zorg je ervoor dat je niet met andere dingen bezig kunt zijn, zodat je in jezelf helemaal tot rust kunt komen. Een goede test zou zijn: als je deze oefening ook met je ogen open kunt doen en er gevoelsmatig dezelfde resultaten uit haalt, dan heb je jezelf heel goed onder controle en ben je er nog veel sterker in dan de gemiddelde mens. Dat komt omdat de meeste mensen de gemakkelijkste weg kiezen waardoor ze minder levenslessen krijgen en dus ook minder levenservaring kunnen opdoen. Tracht deze oefening eerst met je ogen gesloten onder de knie te krijgen alvorens je de moeilijkheidsgraad verhoogt door ze ook met je ogen open te doen. Deze oefening zal je ziel op een positieve manier weten te stimuleren waardoor de kracht in jezelf zal toenemen, omdat je bewust hebt leren omgaan met je innerlijke ik, de kern. Indien je ze driemaal per week doet, zullen ook andere mensen uiteindelijk uiterlijk kunnen waarnemen dat je de bezitter bent geworden van een krachtige zelfverzekerde uitstraling, die de spiegel is van je ziel.

Naomi's opmerking:

Denk eens terug aan vroeger: als iemand regelmatig tegen jou zou gezegd hebben: 'je kunt dat wél' of 'dat heb je héél goed gedaan', dan had je dat zelfvertrouwen al gehad waardoor je nu van nature een krachtige uitstraling zou hebben. Maar als je het tegenovergestelde hebt meegemaakt, dan moet je jezelf bewust maken van een aantal positieve dingen in je leven waardoor je zelfvertrouwen innerlijk kan groeien en je ook een krachtige uitstraling kunt krijgen. Zoek het echter niet te ver bij het herbeleven van situaties uit je leven, het kunnen eenvoudige dingen zijn, het komt er uiteindelijk op neer dat je jezelf innerlijk positief moet weten te stimuleren, want wat je innerlijk écht voelt, is wat je uiterlijk ook uitstraalt!

Oefening 2: ***Van je innerlijke ik leren houden***

De sleutel om van je innerlijke ik te leren houden ligt vooral in het accepteren van jezelf zoals je werkelijk bent. Er bestaan tien regels die je kunt toepassen zodat je bewust leert omgaan met je innerlijke ik, waardoor de liefde in jezelf zal toenemen. Het is belangrijk om bij een aantal van die regels stil te staan en actie te ondernemen, vooral als je merkt dat je er problemen mee hebt. Maak meerdere lijstjes met telkens dezelfde tien regels en doe de test driemaal per week, steeds op dezelfde dagen die je van tevoren hebt uitgekozen, zodat je uiteindelijk een eerlijke evaluatie van jezelf krijgt. De bedoeling is dat je op die uitgekozen dagen iedere keer voor je gaat slapen jezelf evalueert. Schrap de regels waarvan je vindt dat je daaraan hebt voldaan en besteed aandacht aan de regels die zijn blijven openstaan door actie te ondernemen, zodat je bij de volgende evaluatie misschien een of meerdere regels kunt schrappen waarmee je voordien problemen hebt gehad. Het resultaat is dat je een evenwicht leert creëren tussen lichaam en geest zodat je denken, voelen en handelen centraal komt te staan in je leven. Je zult merken dat de ene dag de andere niet zal zijn, waardoor het schrappen van een aantal regels alsook de moeilijkheidsgraad in het begin meer problemen zal opleveren dan wanneer je er controle over krijgt. Tracht vooral geen excuses te zoeken waarom je zogenaamd geen tijd hebt om bewust met die oefeningen bezig te zijn. Bewust omgaan met je innerlijke ik, de kern, is de spiegel naar jezelf toe keren en iedere dag aan jezelf blijven werken in het besef dat niemand perfect is en dat je verantwoordelijk bent voor je eigen geluk. Als je innerlijk van jezelf leert houden, zullen andere mensen kunnen aanvoelen dat je de bezitter bent geworden van een liefdevolle evenwichtige uitstraling, die de spiegel is van je ziel.

Tien regels om toe te passen:

- werk aan je negatieve eigenschappen – stel je niet langer als slachtoffer op
- verzorg jezelf zowel innerlijk als uiterlijk – zorg ervoor dat je niet stikt in je web
- aanvaard wie je bent – wees je bewust van de emotionele dingen in je leven
- haal het positieve in jezelf naar boven – zorg ervoor dat je tijdig jezelf ontspant
- tracht je gevoelens te verwoorden – stel je niet onkwetsbaar als een rots op
- werk aan je zelfvertrouwen – sluit je niet langer voor de buitenwereld af
- wees liefdevol voor jezelf – tracht met jezelf en anderen geduld te hebben
- geniet van wat je hebt – stop met negatieve dingen te zeggen en te klagen
- sluit je dag op een positieve manier af – stel geen belangrijke dingen uit
- durf je speelsheid te tonen voor de spiegel – zorg voor plezier in je leven

Naomi's opmerking:

Soms lijkt het veel gemakkelijker om van een ander te houden en liefde te ontvangen dan je van jezelf bewust te maken zodat je van jezelf leert houden. Dat komt omdat je misschien denkt het niet waard te zijn of het niet te verdienen, maar niets is minder waar want als je van jezelf kunt houden, dan pas kun je échte liefde geven. Besef dat indien je bijvoorbeeld uiterlijk iets aan jezelf wilt veranderen, je daarom innerlijk niet altijd gelukkiger zult worden. Het is daarom heel belangrijk dat je op voorhand innerlijk alles goed afweegt alvorens je iets aan jezelf laat veranderen, want eens iets gebeurd is, is er geen weg terug. Als je aan je zelfbeeld werkt, kan het ook een oplossing zijn als je meer het positieve tracht te zien dan dat je jezelf altijd afbreekt. Het innerlijke geluk is trouwens iets wat je moet voelen en kan pas ontstaan als je écht van jezelf houdt. Zorg er daarom misschien eerst voor dat je met jezelf in het reine komt alvorens je iets drastisch laat veranderen aan jezelf vanuit een onevenwichtige ingesteldheid. Als je de moed hebt, kun je misschien aan andere mensen vragen hoe ze jou zien of over jou denken, zowel over je innerlijk als je uiterlijk. Je zult merken dat er positieve dingen verteld zullen worden die niet eens in jezelf zijn opgekomen, maar het is ook mogelijk dat er een aantal negatieve dingen verteld zullen worden als ze volledig eerlijk tegenover jou durven te zijn. Het is dan aan jou om vooral het positieve te onthouden en aan het negatieve te werken indien je vindt dat ze gelijk hebben. Indien je vindt dat ze ongelijk hebben, is het voor jou een levensles om ermee te leren omgaan omdat jij om hun mening hebt gevraagd. Als je hun eerlijkheid kunt respecteren, heb je ook de juiste levenservaring verkregen. Het komt er uiteindelijk op neer dat eens je écht van jezelf kunt houden, die liefde een sterke basis vormt die je nodig hebt om bepaalde dingen te kunnen opbouwen in je leven waar je met hart en ziel, gevoelsmatig achter staat!

Oefening 3: ***De kracht van je doelen motiveren***

Deze oefening zorgt ervoor dat je de kracht van je doelen kunt motiveren door er bewust mee om te gaan en door de juiste prioriteiten voorop te stellen die realistisch zijn om te kunnen verwezenlijken. Daarvoor moeten je prioriteiten gewikt en gewogen worden, zodat je goed weet waaraan je begint en wat je ermee wenst te bereiken. Het is daarom ook belangrijk dat je steeds blijft vasthouden aan die prioriteiten die je voorop hebt gesteld, zodat je jouw doelen kunt bereiken door er bewust mee om te gaan, erin te geloven op een realistische manier en de hoop nooit op te geven. Mensen die bijvoorbeeld doelen vooropstellen die ze gemakkelijk kunnen bereiken, zullen sneller resultaten boeken dan mensen die alles heel onrealistisch zien of bewust weten dat ze nog veel jaren geduld zullen moeten oefenen. Tracht drie tot vijf doelen voorop te stellen die je voorkeur hebben zoals ander werk vinden, je tuin opknappen en twee weken tijd kunnen vrijmaken om met je favoriete sport bezig te zijn. Je blijft ook deze drie doelen behouden tot ze alle drie op de een of andere manier bereikt zijn, zodat je opnieuw drie tot vijf doelen kunt stellen. Om de kracht van je doelen te motiveren, is het belangrijk dat je ze driemaal per week, op dagen die je zelf kiest, voor de geest haalt en visualiseert hoe je ze voor jezelf verwezenlijkt ziet worden. Je geeft daardoor je onderbewuste, je innerlijke ik, een krachtige motivatie omdat je er op een doelbewuste manier mee omgaat. Neem ook pen en papier en schrijf alles op wat er door je heen gaat als je deze drie afzonderlijke doelen voor de geest haalt, die je al bijna gerealiseerd ziet worden. Wie weet kom je belangrijke informatie te weten, bijvoorbeeld over waarvoor je moet oppassen of hoe je een bepaalde situatie anders en beter kunt aanpakken. Je kunt de kracht van je doelen ook motiveren door deze oefening in het bos te doen en daar al jouw gedachten op papier neer te schrijven. Schrijven kan namelijk plotseling zorgen voor een idee, een creatie, een oplossing, een verwittiging enzovoort, iets wat je mogelijk van tevoren niet hebt ontvangen. Mensen die bezig zijn om vanuit hun hart, hun ziel iets te bereiken in hun leven, zijn positief gemotiveerd en stralen een succes oogstende kracht uit waar andere mensen vaak jaloers op zijn, wat heel jammer is om te ervaren. Dat is dan voor die mensen een levensles waar ze hopelijk levenservaring uit kunnen halen als ze hun les hebben geleerd en dat is anderen in waarde kunnen laten zonder jaloers te zijn, opkijken naar iemand maar zonder afgunst. Het is ook belangrijk te weten dat je daar geen aandacht aan mag schenken want dat maakt deze mensen alleen maar nog veel sterker, waardoor ze denken dat ze gelijk hebben en weten hoe alles in elkaar zit. Als je erin slaagt om doelbewust te leven, zal de kracht die je doelen motiveert in jezelf toenemen, waardoor ook andere mensen kunnen zien dat je de bezitter bent geworden van een krachtige doelbewuste uitstraling, die de spiegel is van je ziel.

Naomi's opmerking:
Het wikken en wegen van je prioriteiten is ontzettend belangrijk, omdat het achteraf weleens kan gebeuren dat je er spijt van krijgt dat je voor iets bent gegaan in je leven waarvan je dacht dat het iets heel moois had kunnen worden. Stel jezelf eens voor dat je je huidige baan beu bent omdat je al jarenlang hetzelfde werk verricht en je daarom een andere job wilt zoeken, ondanks het goede loon en de mooie

uren. Je denkt op dat moment alleen maar aan het vervelende werk dat je iedere keer opnieuw moet doen, waardoor je er niet meer bij stilstaat dat je eigenlijk een goed loon en mooie uren hebt. Als je dan ander werk hebt, dat eveneens goed betaald wordt maar als nadeel vervelende uren heeft, begin je na enkele weken te denken dat je nooit had mogen veranderen, omdat de werkuren van je vorige job veel beter waren waardoor je meer vrije tijd kreeg. Ondanks de vervelende taken die je moest verrichten zie je uiteindelijk in dat het toen best wel meeviel. Daarom is het juist ontzettend belangrijk dat je bij iedere prioriteit vooraf alle voor- en nadelen tracht in te zien en die via jouw visualisatie probeert te ervaren, zodat je nadien voor jezelf opnieuw kunt bekijken of die prioriteit (in dit voorbeeld ander werk zoeken) nog altijd even belangrijk voor jou is als voorheen. Besef dat je nooit iets materieels meeneemt naar gene zijde, hoe hard je daarvoor op aarde ook hebt gewerkt. Het komt er uiteindelijk op neer dat eens je innerlijk weet wat je wilt in je leven en de kracht van je doelen weet te motiveren, je succes zult boeken, want hoe je het ook wendt of keert, als je eenmaal bijna hebt kunnen ervaren hoe het kan zijn, zal die kracht je ook niet meer loslaten tot je die puzzel hebt gevonden waarin je jouw innerlijke match kunt plaatsen!

Belangrijk: als je op een dag in de spiegel kunt kijken en innerlijk een warm intens gevoel kunt ervaren terwijl je hardop zegt: 'Ik ben iemand die zelfverzekerd is, ik sta evenwichtig in het leven en ik weet wat ik wil bereiken omdat ik doelbewust leef', dan mag je er zeker van zijn dat je nog succes zult boeken en nog ver kunt komen in je leven omdat je jezelf niet laat afschrikken. Die weerkaatsing die je van je innerlijke ik, je ziel in de spiegel ziet is een sterke houvast en je zult er ook alles aan doen om hem niet kwijt te raken omdat je er hard genoeg voor hebt moeten werken. Als je je leven kunt leiden vanuit je innerlijke ik, de kern, zul je ook van alle dingen in het leven veel intenser kunnen genieten, waardoor je gemakkelijker zult kunnen luisteren naar de stem van je oergids, de kracht die schuilt achter je intuïtie.

Naomi's tip:
Ben je de weg naar jezelf écht kwijt? Volg dan bijvoorbeeld de cursus Zesde Zintuig Ontwikkeling, die kan ervoor zorgen dat je de weg naar jezelf kunt terugvinden. Je leert onder andere jouw innerlijke kracht ontwikkelen, je wordt er bewuster van gemaakt waarom je bepaalde dingen meemaakt, je leert op de juiste manier omgaan met voorgevoelens en ingevingen, je komt ook te weten hoe gene zijde te werk gaat en hoe je in contact kunt komen met dierbare overledenen. De cursus Zesde Zintuig Ontwikkeling is als een schot in de roos, hij raakt je hart waardoor je je innerlijk sneller zult kunnen ontwikkelen door met de dingen die in je leven gebeuren veel beter te leren omgaan, je leert erover praten met de juiste mensen waardoor je automatisch innerlijk veel krachtiger zult worden doordat je op zoek bent gegaan naar je innerlijke ik, de kern. Je zult merken dat gene zijde, het hiernamaals, heel wat voor jou in petto kan hebben, als je de ogen van jouw hart maar openstelt!

Cursus Zesde Zintuig Ontwikkeling

Iedereen kan iets spiritueels, ontastbaars of onverklaarbaars ontvangen. Iedereen beschikt dus eigenlijk over een *zesde zintuig*. Dat betekent dat iedereen op deze aarde een spirituele gave in zich heeft waarmee hij of zij is geboren en die je niet kunt leren. De mogelijke gaven zijn: helderzien, heldervoelen, helderhoren, helderproeven en helderruiken. Wij zijn allemaal spirituele wezens, maar de ene heeft meer gaven dan de andere. Het belangrijkste is te leren omgaan met de gaven die in jou aanwezig zijn. Je moet je ervan bewust worden, ze ontplooien en ze op een correcte en zuivere manier gebruiken.

Soms vinden we het leven te vanzelfsprekend en staan we niet stil bij de essentie ervan! Die zit in kleine dingen, zoals in je gaven, die je niet voor niets hebt gekregen. Besef dat wat je van gene zijde hebt gekregen een geschenk is en dat je bevoorrecht bent. Het is aan jou om deze gaven te leren ontwikkelen op een correcte manier. Wanneer je ze ontwikkeld hebt, zul je ook ondervinden waarom je bevoorrecht bent. Je leert namelijk het nut ervan inzien en hoe je er het best mee kunt omgaan.

Door het volgen van bijvoorbeeld de cursus Zesde Zintuig Ontwikkeling zal jouw ziel verdrievoudigd evolueren. Een cursus volgen heeft het meest zin wanneer je ook geëvalueerd wordt, zodat je precies weet waar je staat. Iedereen heeft immers graag een bevestiging (ook op papier), een steun in je ontwikkeling alsook een mogelijk *bewijs* dat er meer bestaat tussen hemel en aarde.

Ook al heeft ieder mens wel een bepaalde gave in zich, toch is niet iedereen een medium! Een medium is een schakel tussen hemel en aarde. Je kunt als medium deze gave ook nooit definitief uitschakelen, je blijft doorlopend informatie ontvangen, zelfs op momenten of plaatsen waarop je het niet verwacht had. Als medium word je van gene zijde begeleid, zodat je geen ander werk meer kunt doen en je je volledig kunt concentreren op je mediumschap.

Wie gaven heeft maar geen medium is, mag op de juiste plaats, het juiste tijdstip enzovoort informatie ontvangen om er wat mee te doen. Dat gebeurt niet doorlopend, het is veeleer beperkt. Toch is het fijn om deze gaven op een nuttige manier te leren ontwikkelen en te leren gebruiken, *omdat het je leven een pak waardevoller kan maken!*

Tot slot:
Stilstaan bij je innerlijke ik (het onderbewuste) is jezelf innerlijk écht tegenkomen...

Cursus Zesde Zintuig Ontwikkeling
(13 lessen van 3 uur met doeltreffende evolutie) ®

Deze cursus heb ik persoonlijk via automatisch schrift doorgekregen. Automatisch schrift betekent spontaan informatie ontvangen die je dan in een vorm van trance neerschrijft. De cursus bestaat voor vijftig procent uit theorie en voor vijftig procent uit praktijkoefeningen (zoals bijvoorbeeld foto's en voorwerpen leren aanvoelen en werken met een proefpersoon).

- **Doel:** het doel van de cursus is dat je jezelf leert ontplooien tot een intuïtieve persoon. Je leert al je gaven ontdekken en ontwikkelen, bijvoorbeeld bepaalde dingen beter leren aanvoelen en begrijpen. Of je nu begaafd bent of niet, iedereen heeft 'iets' in zich. *Enkele onderwerpen die in de cursus aan bod komen zijn:* van jezelf houden, dromen analyseren, meditatie- en visualisatieoefeningen, jezelf afschermen voor zwarte magie, het kaf van het koren scheiden op het gebied van spiritualiteit, de werking van het immuunsysteem van mens, dier en natuur, pijnen wegnemen en de gevaren van energie ontdekken, de handchakra's ontwikkelen, het derde oog ontwikkelen, grenzen verleggen en doelen bereiken, je tweelingziel ontmaskeren, contacten met gene zijde verkrijgen via onder andere automatisch schrift, het verdiepen van de kwaliteit op het gebied van spiritualiteit, uittreden, je oergids ontdekken en ontmoeten, de essentie van leven en dood en nog andere heftige onderwerpen. De lessen worden op een zuiver spiritueel niveau gegeven, zodat de kwaliteit goed tot haar recht komt. Na afloop ontvang je een evaluatie in A4-formaat met een duidelijk overzicht van onder andere je gaven, je tweelingziel, je oergids enzovoort, *met als kers op de taart een exclusief diploma!*

- **Praktisch:** de cursus wordt tweemaal per jaar gegeven, telkens in dertien lessen. Deze worden gegeven in het voor- en in het najaar, met als startmaanden januari en juni. Je hebt de keuze tussen een daggroep op maandag (van 13 uur tot 16 uur) of een avondgroep op dinsdag (van 19 uur tot 22 uur). Een groep telt maximaal tien deelnemers, zodat ieder afzonderlijk voldoende begeleiding krijgt en aan bod kan komen. Er wordt ook rekening gehouden met officiële vakantieperiodes.

- **Onkosten:** de cursus kost in totaal 700 euro, inclusief btw (betaling in twee schijven). Heb je interesse om deze cursus te volgen, neem dan eerst telefonisch contact op (zie achteraan in dit boek bij 'Activiteiten van Naomi Apachi') om de data op te vragen, te kijken of er nog plaats vrij is en je eventueel in te schrijven.

Tot slot:
Als je de weg naar jezelf hebt gevonden, ontwikkelen zich nieuwe mogelijkheden...

Belangrijk: loop nooit van het kastje naar de muur als je bepaalde informatie wilt horen, ook al zou die foutief zijn. Wees ook voorzichtig met spirituele hulplijnen, aangezien bijna iedereen de dag van vandaag plots een medium kan worden zonder echt een medium te zijn. Helaas trachten sommige mensen er een groot financieel voordeel uit te halen, ten koste van diegenen die écht hulp nodig hebben!

Ex-cursist Iris, een vrouw van dertig jaar:

Het leven leer je zien in een ander daglicht

In 2001 volgde Iris, een jonge vrouw van twintig jaar, mijn cursus Zesde Zintuig Ontwikkeling naar aanleiding van dat ze mij meermaals aan het werk gezien had op spirituele beurzen. Ze voelde op een bepaald moment heel sterk aan dat ik haar zou kunnen helpen met onder andere haar angsten, emoties en frustraties. Ondanks het goede gevoel dat ze bij mij had, was ze toch bang voor de innerlijke confrontatie met zichzelf. Ze had als jong meisje al heel wat meegemaakt, waardoor ze snel volwassen is moeten worden. Iris kan ik omschrijven als een jonge vrouw met een oude ziel. Haar wijsheid is door de jaren heen ook haar onmisbare kracht geworden.

Tot de dag van vandaag heb ik nog steeds een heel goed contact met haar en is ze dankbaar voor het leven dat ik haar heb laten inzien. Ze omschreef mij als een persoon die heel goed wist waarmee ze bezig was en er alles voor overhad om tot de kern bij iemand te kunnen doordringen, zodat men het leven leert zien in een ander daglicht.

Hier volgt het verhaal van ex-cursist Iris

Iris was voor haar ouders een wonderkind, aangezien die normaal gesproken geen kinderen konden krijgen. Ze kwam op de wereld en werd meteen een zonnekind, ze straalde en lachte ook tegen iedereen. Toen ze opgroeide, zag en voelde ze meermaals dingen waar ze heel angstig van werd. Haar ouders probeerden op verschillende manieren haar fantasie te verdringen. Ze dachten dat hun dochter vooral aandacht vroeg omdat ze enig kind was en de oogappel van iedereen. Ze wisten niet dat hun kind eigenlijk over bijzondere gaven beschikte en dus paranormaal begaafd was. Iris voelde op een dag dat haar papa zou overlijden in een auto-ongeluk, ze was toen een meisje van elf jaar. Op haar dertiende verloor ze plotseling haar papa door een fataal auto-ongeluk. Ze wist met haar emoties geen blijf, en dacht dat ze dat ongeluk had kunnen voorkomen als ze er van tevoren iets over had verteld, ondanks dat haar ouders er niet voor openstonden. Het gevoel dat ze misschien haar papa had kunnen redden bleef haar geestelijk achtervolgen.

Toen ze achttien werd, merkte ze op een dag iets heel vreemds aan haar mama. Ze keek naar haar mama en zag allemaal vreemde vlekken verschijnen op haar lichaam. Ter hoogte van de luchtwegen zag ze die vlekken nog duidelijker. Ze hadden allemaal een vreemde en donkere vorm. Op dat moment hoorde ze een mannenstem die zei: 'Je mama wordt heel ziek en binnenkort kom ik haar halen.' Iris dacht onmiddellijk aan haar papa, omdat de stem die ze hoorde heel hard op de zijne leek. Deze keer besliste ze om die informatie niet voor zichzelf te houden. Ze vertelde het tegen haar mama, die erom moest lachen en antwoordde: 'Kind toch, ik laat je niet in de steek, want ik wil later mijn kleinkinderen nog zien opgroeien ☺.' Enkele maanden gingen voorbij, tot op een dag haar mama ogenschijnlijk griep had, waarvan ze niet herstelde. Meerdere onderzoeken volgden en helaas kwam men tot de vaststelling dat haar mama leukemie had in een vergevorderd stadium.

Iris was nog maar net negentien geworden toen haar mama enkele dagen later op intensive care kwam te liggen. De kanker was verder uitgezaaid en had ook al enkele organen aangetast, waaronder de longen. Het was voor Iris verschrikkelijk hard om haar mama aan een machine te zien hangen die ervoor zorgde dat ze gemakkelijker kon ademen. De informatie die ze van tevoren had ontvangen werd een harde realiteit. Ze kreeg het gevoel dat haar alles ontnomen werd wat ze liefhad. Precies een week later stierf haar mama, ze was achtendertig jaar. Iris bleef alleen achter in een huis vol herinneringen waar ze als kind is opgegroeid geweest.

Ik ontmoette Iris enkele keren op een spirituele beurs en iedere keer kwam ik met haar op een onverwachte manier in gesprek. Het viel haar steeds meer op dat ze iedere keer na ons gesprek zich niet alleen innerlijk veel beter voelde, maar ook gemakkelijker in contact kwam met haar overleden ouders. Ze kon hun aanwezigheid veel beter voelen en ontving soms ook innerlijke aanwijzingen, maar wist niet goed wat ze ermee moest doen. Dat zorgde voor de grote ommekeer in haar leven! Door het volgen van mijn cursus Zesde Zintuig Ontwikkeling wilde ze achterhalen hoe ze naar die informatie beter kon leren luisteren en ermee omgaan. Het verlies van haar beide ouders had Iris heel veel angsten bezorgd, omdat ze bepaalde dingen wist die ze helemaal niet wilde weten. Ook was ze heel emotioneel geworden, omdat ze in haar prille jeugd heel veel onbesproken emoties had opgekropt. Ze geraakte daardoor innerlijk gefrustreerd, omdat de dingen die ze mocht ontvangen ook gebeurden.

Ze bleef zich afvragen of ze écht helemaal niets had kunnen doen.

De cursus heeft ervoor gezorgd dat ze haar wijsheid nog meer heeft kunnen ontwikkelen, waardoor ze bepaalde dingen veel beter heeft leren begrijpen en ermee heeft leren omgaan. Het contact op spiritueel gebied met haar ouders is innerlijk versterkt. Ze heeft haar leven onder handen genomen door innerlijk een streep te trekken onder het verleden en ook te bouwen aan de toekomst. Meermaals bladert ze de cursus door en neemt ze er de dingen uit die ze op dat moment nodig heeft in haar leven om bepaalde zaken veel gemakkelijker te laten verlopen. Ze put er ontzettend veel kracht uit, waardoor ze haar leven onder controle heeft!

Na ons gesprek stelde ik haar vier concrete vragen

1. Wat vond je over het algemeen van de cursus?

Ondanks dat ik eerst bang was voor de innerlijke confrontatie met mezelf, bleek het achteraf heel goed mee te vallen. Op het moment dat de cursus nog bezig was, herinner ik me dat ik meermaals te maken kreeg met bepaalde dingen uit mijn verleden die ik niet had verwerkt of alleszins niet op de juiste manier. Sommige dingen zijn hard om te weten te komen, maar achteraf bekeken kan ik voor honderd procent zeggen dat ik er sterker ben uit gekomen, meer zelfs, ik ben ervan overtuigd dat ik mijn leven aan de cursus te danken heb, want ik weet echt niet of ik nog geleefd zou hebben zonder Naomi's steun en inzicht! Je moet op geestelijk gebied door de zure appel heen kunnen bijten om met je ziel in contact te kunnen komen, alvorens je iets kunt leren en er het positieve uit kunt halen. Mensen die een hoge dunk van zichzelf hebben, houden deze cursus niet vol. Het is een serieuze confrontatie met je innerlijke ik, maar zeker de moeite waard als je vooruit wilt komen in je leven! De cursus heeft mij heel veel bijgeleerd en laten inzien waarom bepaalde dingen gebeuren en hoe je die ook het best kunt verwerken. We hadden een heel fijne groep. Ik weet nog dat ik de jongste was en die opmerking maakte in de groep. Naomi reageerde: 'Toch ben je niet mijn jongste cursist geweest, want die was zestien jaar. De kandidaten moeten ook minimaal zestien jaar zijn en als minderjarige de schriftelijke goedkeuring van hun ouders krijgen.'

2. Hoe kijk je na afloop terug op de cursus?

Eerlijk gezegd mis ik die cursus enorm hard. Het was voor mij een sterke houvast die plots verdween toen ik de cursus had beëindigd. Maar dat hoort er nu eenmaal bij, want dat heet loslaten en weer verder gaan op een leerzame manier. Het mooiste vond ik ook dat Naomi iedere cursist gelijk behandelde, ongeacht of je voorheen al iets te maken hebt gehad met spiritualiteit. Gelukkig zie ik Naomi nog regelmatig terug, is het niet op een spirituele beurs dan is het op een consultatie. Het geeft mij nog altijd een heel goed gevoel wanneer ik in haar buurt ben. Zij laat voor mij die sombere wolken verdwijnen en die glimlach op mijn gezicht opnieuw verschijnen! Ik zal ook nooit vergeten wat ze voor mij gedaan en betekend heeft, nog steeds trouwens ☺! Voor mij heeft die cursus veel dingen duidelijker gemaakt en ik heb ook nieuwe dingen ontdekt. Dankzij de cursus maak ik meer dan ooit spirituele dingen mee, en stel ik mezelf niet meer de vraag of ik in mijn verleden zaken had kunnen voorkomen of anders had moeten aanpakken. Ik kan zeggen dat ik mijn angsten, emoties en frustraties sterk onder controle heb, als ik nu terugkijk op hoe ik vóór de cursus was. Ik kan ook veel beter omgaan met mijn paranormale gaven. Daarover dacht ik vroeger: als je ermee bent geboren dan weet je en kun je alles, maar daar heb ik me heel sterk in vergist. Het is écht niet gemakkelijk om met paranormale gaven geboren te zijn in deze harde onevenwichtige wereld.

3. Kun je iets meedelen over jouw evaluatie?

In mijn evaluatie stonden zowel positieve als negatieve dingen vermeld, verschillende tips en dingen waaraan ik nog moest werken. Naomi omschreef ook hoe sterk ik ben in meerdere gaven en noemde mij haar collega. Je kunt je voorstellen hoe trots ik was dit te mogen horen van een heel sterk en bekend medium, mijn neusje begon even te krullen ☺. Er stond ook geschreven dat ik een vrouwelijke oergids heb afkomstig uit Canada, met de leeftijd van negenendertig jaar en met de naam Alyssa. Het mooiste, waarvan ik nog steeds mijn lekkere vruchten pluk ☺, is dat Naomi ook had vermeld dat ik mijn tweelingziel, mijn wederhelft op mijn zesentwintigste zou ontmoeten, met een korte beschrijving van hoe hij eruit zou zien. Na tien jaar kan ik heel trots vertellen dat de leeftijd en omschrijving die Naomi heeft gegeven helemaal correct was. Ondertussen ben ik al drie jaar heel gelukkig gehuwd en hebben we samen een dochtertje van een jaar oud ☺.

4. Wat doe je spiritueel gezien in jouw leven?

Het spirituele is voor mij heel belangrijk in mijn leven, maar meer voor mezelf en de mensen die dicht bij me staan.

Ik heb ook niet het gevoel dat het mijn roeping is om er professioneel iets mee te doen en heb er evenmin behoefte aan. Ik luister meer naar de signalen die ik mag ontvangen en probeer er geen enkel te negeren. Dat heeft me al meermaals geholpen in mijn leven en dat stemt tot voldoening. Gevoelsmatig probeer ik er voor mijn echtgenoot en onze dochter te zijn, want dat is mijn leven, mijn alles waarop ik me focus! Ook probeer ik me meer bewust te worden en te genieten van alle kleine details, zoals een opkomende glimlach van onze dochter, haar fonkelende en sprekende oogjes en haar grappige snuitjes die ze heel serieus kan trekken ☺.
Tot slot: het leven dat ik heb leren zien in een ander daglicht, is dat wat ik er zelf ook van gemaakt heb. Met de hulp van Naomi heb ik de touwtjes weer in handen kunnen nemen en op het moment dat dat gebeurd was, voelde ik dat er opnieuw hoop was en dat ik ook nog heel veel zou kunnen bereiken in mijn leven, daarvan was ik écht overtuigd.

Iris Van Berghe, geboren op 13-05-1981 te Wenduine.

Naomi's reactie:
Het is altijd erg je ouders te moeten afgeven, zeker als je zelf nog heel jong bent en je leven nog moet beginnen. Gelukkig heeft Iris een oude ziel, dat betekent een rijpe ziel, waardoor haar innerlijke kracht sterker is dan die van mensen met een jonge, onvolwassen ziel. Kinderen die paranormaal begaafd zijn, hebben als ze jong zijn helemaal geen controle over hun gaven. Dat betekent dat ze meer negatieve dan positieve dingen zullen aanvoelen, tot ze er op de juiste manier mee leren omgaan. De mannenstem die Iris in het verleden heeft gehoord was die van haar overleden papa. *Goed om te weten*: een zuiver medium wordt altijd sterk beschermd door gene zijde, daardoor is het mogelijk dat lichamelijke en

geestelijke pijn wordt onderdrukt wanneer je in contact komt met een zuiver medium. Ook kan het gebeuren dat spirituele activiteiten extra worden gestimuleerd, waardoor men onder andere eventjes gemakkelijker kan communiceren met overledenen. Het is ook belangrijk om te weten dat mensen met sterke paranormale gaven zelf moeten kiezen of ze er professioneel iets mee willen doen in hun leven of niet. ***Tot slot:*** mag Iris er zeker van zijn dat haar ouders de geboorte van hun kleindochter hebben meegemaakt, al was het op een andere manier dan ze in het verleden ooit had gehoopt. Haar ouders waken als hulpgidsen over haar gezinnetje en vertellen mij onder andere dat er binnen twee jaar nog een tweede dochtertje zal bij komen ☺.

Ex-cursist Imke, een vrouw van tachtig jaar:

Een verlies laat je op zoek gaan naar jezelf

Imke, een bijzondere, merkwaardige vrouw die inmiddels tachtig jaar is geworden, had zich in 2007 ingeschreven voor de cursus Zesde Zintuig Ontwikkeling nadat ze er iets over gelezen had wat haar aansprak. Haar gedachte was: 'Op het volgen van een cursus staat geen leeftijd want hoe oud je ook bent, iedereen kan elke dag nog iets bijleren, want dat is de beste manier om je geest jong te houden!' Ze omschreef zichzelf dan ook als een jonge geest in een oud lichaam.

Ze vertelde dat ze vanaf de eerste cursusdag een heel fijn gevoel bij mij kreeg en dat ik was zoals ze zich had voorgesteld, ondanks dat ze mij nooit eerder had ontmoet. Ze vond het vreemd dat ze meteen al een klik voelde, iets wat haar innerlijk een sterk vertrouwen gaf.

Hier volgt het verhaal van ex-cursist Imke

Imke heeft een eenvoudige, fijne, vrolijke jeugd gehad, ondanks dat ze is opgegroeid tijdens de oorlogsjaren. Ze was enig kind en kleinkind. Haar mama had wél drie zussen maar geen van hen had kinderen, waardoor ze voor haar tantes en uiteraard ook grootouders een heel bijzonder meisje was. Ook voor haar omgeving was zij een vrolijk en zorgeloos kind dat van alles écht kon genieten en een heel flinke leerling was op school. Ze kreeg van anderen steeds te horen dat ze het zonnetje was van de klas. Als klein meisje kon ze heel mooi tekenen en goed schrijven. Ze mocht van haar leerkrachten spijtig genoeg ook nooit achteraf haar opstelletjes houden ☹. Op latere leeftijd had ze de wens om naar de kunstacademie te gaan, maar dat was voor haar ouders zeker geen optie. Haar mama zei vaak tegen haar: 'Welk meisje denkt er nu aan om zo'n kunstgedoe te willen volgen, iets wat je in de toekomst nooit zekerheid kan geven.' Je moet weten, in de periode kort na de Tweede Wereldoorlog waren de kinderen ook niet zo mondig als nu in deze hedendaagse tijd.

Op eenentwintigjarige leeftijd huwde Imke met François, roepnaam Sus. Samen kregen ze drie kinderen, twee prachtige zonen en in hun hart ook een dochtertje, dat spijtig genoeg geen levenskansen heeft gekregen en op vijf maanden in de moederbuik is gestorven. Imke en Sus hebben ook een eigen zaak opgericht, waarin ze heel veel jaren nauw hebben samengewerkt. Nadat Sus plotseling een lichte hersenbloeding had gekregen, besloten ze om de zaak over te laten aan de kinderen. Sus had een grote wens en dat was om in hun buitenverblijf te gaan wonen, waar hij innerlijk helemaal tot rust kon komen. Zijn wens werd ook ingewilligd en gedurende tweeëntwintig jaar hebben ze kunnen genieten van hun schilderachtige hoevetje, dat ver weg lag van alle drukte.

In 2006 sloeg het noodlot toe en stierf Imkes levensmaatje Sus. Het was voor haar een van de ergste dingen die haar overkomen zijn geweest. Plots stond haar boeiende leventje stil. De werkelijkheid van die onvoorspelbare wereld drong zich op toen hun levenscirkel werd verbroken door het heengaan van haar echtgenoot, haar trouwe en liefdevolle Suske. Imke voelde zich machteloos en besefte dat die innerlijke levenscirkel nooit meer dezelfde zou zijn. Die innerlijke breuk zou altijd voelbaar en zichtbaar blijven, al zou ze gelijmd worden. Gelukkig kon ze zich optrekken aan haar zonen en ook schoondochters, die ervoor gezorgd hebben dat er vijf schattige kleinkinderen op de wereld zijn gekomen. Imke kwam tot de vaststelling: 'Het leven gaat toch verder en daarom is het heel belangrijk te leven in het nu, want eens komt er een dag dat er geen morgen meer is en daar kan niemand aan ontsnappen!'

Uit dit besef putte Imke de innerlijke kracht die ze nodig had om opnieuw van het leven te kunnen genieten, zodat haar Suske aan gene zijde trots op haar kon zijn als hij zag hoe ze zich optrok aan hun kinderen, schoondochters en kleinkinderen, die allemaal voor haar een nog veel belangrijkere strohalm zijn geworden. Het opnieuw op zoek gaan naar zichzelf door het verlies van een dierbaar iemand heeft ervoor gezorgd dat ze zich nog meer verdiepte in de essentie van het leven. De uiteindelijke creatieve gave die ze van gene zijde bij haar geboorte al had meegekregen, heeft zich door het volgen van de cursus Zesde Zintuig Ontwikkeling nog beter kunnen ontwikkelen, waardoor ze zich van alles nog bewuster is geworden. Imke bleef na de cursus in alle eenvoud zichzelf, dat maakte haar vooral heel bijzonder en sierde haar ☺.

Na ons gesprek stelde ik haar vier concrete vragen

1. Wat vond je over het algemeen van de cursus?

Ik vond het werkelijk een prachtige cursus met heel veel variatie. Hij startte met een fijne kennismaking met Naomi en de medecursisten. Ik weet nog dat we een heel prettige groep hadden onder Naomi's fijne begeleiding ☺. Naomi deed toen heel *toevallig* mee aan een televisieprogramma, waarvoor iedereen in de cursus haar sterk bewonderde. Vooral omdat ze na iedere televisieopname een knopje kon omdraaien om zich helemaal ten dienste te stellen van haar cursisten, dat deed ze gewoonweg prachtig. De thema's waren op de een of andere manier ook allemaal boeiend en de lessen werden heel duidelijk gegeven. Met de persoonlijkheden van de cursisten werd ook rekening gehouden, want iedere persoon is verschillend en kwam met een ander doel de cursus volgen. Ondanks de verschillende persoonlijkheden en doelen was er toch onmiddellijk een eenheid in de groep, wat een fijn gevoel gaf. Ik herinner me nog de laatste bijeenkomst, toen we het allemaal enorm spijtig vonden dat de cursus afgelopen was en we afscheid van elkaar moesten nemen ☹. Dit was alweer een les in loslaten, het is een kunst die je in je leven moet leren en ook dat heb ik altijd trachten mee te geven aan mijn kinderen en kleinkinderen. Ondertussen weet ik dat loslaten niets te maken heeft met vergeten, maar met ermee leren omgaan zonder gevoelens te verdringen. Zo heb ik mijn herinneringen aan mijn levensmaatje Sus in mijn hart een veilige en geborgen plaats kunnen geven waar ik naartoe kan gaan wanneer ik dat wil. Het zijn mijn herinneringen die zolang ik leef gelukkig niemand me kan ontnemen.

Lieve Naomi,

Een woordje van DANK voor de dertien mooie zinvolle dagen, met een prachtige afsluiting door een evaluatie én diploma.
Sommige mensen komen op je levenspad en laten er iets achter, ze nestelen zich in je hart en blijven je een goed gevoel geven.
Dank je wel hiervoor lieve vrouw, ik wens je nog een supertoekomst, wees zorgzaam voor jezelf, zodat je nog heel lang anderen kunt helpen.
Heel veel liefs... licht én liefde,

Imke Machgeels, 17 november 2008.

2. Hoe kijk je na afloop terug op de cursus?

Ik moet eerlijk toegeven dat ik voordien van sommige thema's nog nooit in mijn leven had gehoord. Sommige waren nieuw en andere een verduidelijking of aanvulling van wat ik eerder wist. Uiteraard blijven sommige thema's hangen en gaan andere aan je voorbij. Dit heb ik gemerkt enkele jaren later, op het moment dat ik innerlijk opnieuw de behoefte kreeg om die cursus te volgen. Tijdens de laatste jaren zijn er ook een aantal dingen op mijn levenspad gekomen waarbij ik me soms vragen stelde, vragen die ik voorheen niet had. Zo zie je maar dat ieder mens op zijn levenspad heuveltjes kan krijgen die je moet leren beklimmen. Daardoor kan het gebeuren dat je soms van je levenspad afwijkt omdat je het gevoel kunt hebben alsof je in een andere richting wordt geduwd.

Lieve Naomi,

Ik heb een heel belangrijk vraagje van mijn kant...
Enkele jaren geleden heb ik je cursus gevolgd
met een goed gevoel, ondertussen staat het klokje
niet stil en komen er nieuwe vragen.
In die cursus zijn er ook dingen aan mij voorbijgegaan,
daarom zou ik heel graag opnieuw de cursus willen volgen.
Met mijn startknopje op nul en een heel andere kijk,
zou ik dit van jou opnieuw mogen doen alsjeblieft?
Met alle begrip... heel veel liefs én licht,

Imke Machgeels, 12 februari 2011.

3. Kun je iets meedelen over jouw evaluatie?

Naomi omschreef op een A4-blad heel duidelijk dat ik vooral heel creatief ben met mijn handen, dat ik over de gave beschik van het automatisch schrift, psychometrie en helderziendheid. Het mooiste vond ik dat ik de bevestiging kreeg dat mijn tweelingziel mijn overleden echtgenoot Suske was. Dat maakt het gemis nog erger, omdat je daardoor weet dat je die innerlijke inhoud nooit nog bij iemand zult kunnen terugvinden. Dat betekent uiteraard niet dat je niet gelukkig kunt worden met iemand anders, maar het zal op een totaal andere manier beleefd worden als het uiteindelijk ook voor je weggelegd is. Ik weet zelf dat de enige man in mijn hart en ziel ons Suske zal blijven ☺. Via mijn evaluatie heb ik ook mogen vernemen dat ik een mannelijke oergids heb die afkomstig is uit Spanje, namelijk het eiland Formentera. Hij heeft de leeftijd van vierenveertig jaar en zijn naam is Fernando.

4. Wat doe je spiritueel gezien in jouw leven?

Het creatieve is in mijn leven altijd een belangrijk aspect geweest. Het is namelijk mijn manier om innerlijk dingen te kunnen verwoorden en los te laten. Ik doe dat door te tekenen en te schrijven voor mezelf, vrienden, kinderen enzovoort. De manier waarop ik teken en schrijf vind ik trouwens heel fijn en ik vind het ook normaal om dit te mogen doen, niet iets bijzonders. Toch denken anderen daar anders over, aangezien ik tot mijn grote verwondering heb vastgesteld dat tekeningen en teksten die ik vroeger heb gemaakt dikwijls nog door zowel jong als oud worden bewaard. Blijkbaar schuilt er dan toch nog iets meer achter, als ik merk dat mijn tekeningen en teksten vaak een gevoelige snaar raken. Ik moet Naomi hierin gelijk geven dat ik toch over die bijzondere gave van creativiteit beschik, die zich in een vorm van kunst tot uiting laat komen. Een wens die ik in mijn jeugd heb gehad maar nooit in vervulling heb kunnen laten gaan. Gelukkig heb ik die kunst als een soort gave geërfd, zodat ik er toch nog iets mee kon doen in mijn leven. Mijn mandalaboek en kleurpotloden liggen altijd heel dicht in mijn buurt ☺. Sommige mensen kunnen niet geloven als ik vertel dat ik via het internet ook cursussen volg van Paint Shop Pro, waarmee ik mooie mails kan maken. Zo zie je maar, ondanks dat mijn lichaam niet meer jong is, ben ik nog wél jong van geest. Op het moment dat ik niet meer creatief bezig kan zijn, *dan is mijn tijd er om te gaan, terug in de armen van mijn Suske.*

Imke Machgeels, geboren op 20-03-1931 te Antwerpen.

Naomi's reactie:
Die klik die Imke bij mij meteen voelde vanaf de eerste cursusdag komt omdat ze zelf ook spiritueel aangelegd is en omdat ze zich oprecht heeft opengesteld. Het is de juiste houding om de meeste voldoening uit de cursus te kunnen halen. Ik weet nog heel goed dat op het moment dat Imke binnenkwam, de praktijk gevuld werd met haar eenvoud, die een krachtige uitstraling van liefde gaf, de puurheid en de sereniteit van deze vrouw waren machtig. Ik hoop dat ik die kracht die zij nog steeds in alle eenvoud en pracht kan uitstralen op haar leeftijd nog mag hebben. Ik verwelkom je met open armen Imke, tot binnenkort opnieuw in de cursus ☺.

Mensen die oprecht hun dank betuigen

Het is fantastisch hoe sommige mensen beseffen wat je voor hen hebt mogen betekenen en daarvoor dankbaar zijn. Het zijn bijzondere, wijze mensen die gevoelsmatig weten wat je ervoor hebt moeten doen en dat niets voor niets gebeurt. Het is niet altijd evident een medium te zijn en ik probeer dan ook altijd in alle zuiverheid mijn werk te verrichten door mezelf te blijven en me iedere keer opnieuw voor zowel mens als dier honderd procent in te zetten. Als je dan als medium dat gevoel van dankbaarheid mag ervaren en ook respect krijgt, dan voel je en weet je dat je eigenlijk heel mooi werk mag verrichten en dat maakt het allemaal de moeite waard in het leven.

Sommige mensen kunnen hun dankbaarheid en respect niet tonen, ook al heb je voor hen je best gedaan. Dit heeft te maken met hoe ver ze in hun eigen ontwikkeling staan en of je dingen hebt verteld die niet aangenaam waren om te horen, waardoor men je als medium kan veroordelen en ondankbaar kan zijn. Tót het verdict valt en ook die ernstige informatie die je als medium hebt mogen doorgeven uitkomt en men je opnieuw nodig heeft. Op dat moment zal ik opnieuw die mensen helpen, wat er voorheen ook gebeurd is geweest. Het is mijn taak als medium om anderen te helpen, hoe dankbaar of ondankbaar ze ook mogen zijn. Ik zal altijd mezelf blijven en alle informatie doorgeven die ik van gene zijde mag doorgeven, niet meer maar ook niet minder!

Ik moet eerlijk toegeven dat het een aangenaam gevoel geeft te weten dat sommige mensen ook verder proberen te kijken dan alleen maar naar mijn taak als medium. Dat maakt voor mij die mensen heel charmant en eigenlijk ook een beetje schattig ☺, te weten dat ze mij als persoon willen leren kennen. Ik vind het trouwens heel lief dat sommige mensen om mij geven en ook bekommerd zijn om wie ik innerlijk ben. Het gevoel niet alleen maar een belangrijk doorgeefluik te zijn maar ook als mens belangrijk te mogen zijn, geeft waarde aan het leven en innerlijk een diep en warm gevoel, dat de juiste voeding is om mijn werk nog lang te willen verrichten ☺.

Bij dezen wil ik vanuit mijn hart iedereen bedanken die oprecht zijn dank heeft meegedeeld. Helaas kan ik niet alle dankbetuigingen in mijn boek opnemen. Maar besef dat ieder dankwoord als een symbool voor eeuwig in mijn hart en ziel gegrift staat. Al zou ik het eventjes vergeten, een kleine geheugensteun zal me terug doen herinneren welke diepe indruk je toen op mij hebt nagelaten en dát is eigenlijk het allerbelangrijkste!

Mooie dankbetuigingen van bijzondere mensen:

Beste Naomi,

Ik wil je vooral bedanken voor de tijd die je in ons gestoken hebt met de cursus Zesde Zintuig Ontwikkeling. Ik ga die dinsdagavonden écht missen ☹. Ik heb ook het geluk gehad dat ik in een heel toffe groep ben terechtgekomen, met dank aan mijn oergids ☺, maar ook jouw manier van lesgeven was zeer aangenaam. Onze hond Gizmo, een bordercollie, heeft op een avond mijn oergids mogen zien, terwijl ik hem nog niet heb mogen zien ☹. De manier waarop hij keek naar een bepaalde plaats in de kamer was heel vreemd en het vermoeden dat het mijn oergids was, heb jij dan ook positief bevestigd. De stelling dat dieren spirituele wezens zijn, is bij dezen nogmaals duidelijk geworden. Voorlopig kan ik alleen maar blijven verder dromen van mijn oergids, in de hoop dat ik hem ooit toch eens mag zien. Ik weet en voel ook wel dat ik niet alleen ben, maar voorlopig blijft het daarbij. Ik houd mij vast aan de evaluatie die ik van jou gekregen heb, nu ik weet hoe hij eruitziet ☺. De gedachte dat er iemand is die altijd over je waakt, geeft een aangenaam en ook geborgen gevoel. Ik ga mijn vrouw zeker aanraden om volgend jaar bij jou ook deze cursus te volgen. Zij staat spiritueel verder in haar leven dan ik. Voorheen kende ik een klein beetje het medium Naomi, maar nu heb ik Naomi ook als persoon mogen leren kennen en ik moet zeggen dat mijn bewondering en respect voor jou nog groter is geworden! Nogmaals bedankt voor alles en tot ziens op een beurs of in je praktijk, groetjes, Gentil xxx.

Gentil De Meyer

Lieve Naomi,

Ik stuur deze mail even via mijn werk, gewoon omdat ik ze je nu wil versturen en het nog te lang duurt vooraleer ik thuis ben deze avond. Ik wil je even zeggen dat je werkelijk een schatje bent en dat ik al heel veel aan jouw steun heb gehad! Ik voel me altijd wonderbaarlijk opfleuren als jij in mijn buurt bent en dan vergeet ik eventjes al mijn zorgen en leef ik op mijn roze wolkje. Soms kan dat gevoel echt goeddoen en een mens innerlijk laten ontspannen. Ik ga vandaag naar een woning kijken en ook zaterdag en als mijn gevoel er niet goed bij is, ga ik ze zeker niet nemen. Ik ga luisteren naar het advies dat je mij hebt gegeven en niets overhaast doen, dat beloof ik je. Ook ga ik je cursus weer volledig doornemen, zodat ik alles opnieuw goed in mij kan opnemen en nog sterker in mijn schoenen kan staan, want dat heb ik nodig. Door bij jou de cursus te volgen is voor mij eindelijk een poort beginnen opengaan die mij een oplossing en richting heeft aangewezen hoe ik uit de sleur van mijn leven kan geraken. Je kunt niet geloven hoe dankbaar ik ben dat ik bij jou die cursus heb kunnen en ook mogen volgen. Ik ben hierdoor enorm veranderd in positieve zin, want ik kom eindelijk veel meer voor mezelf op. Ik kijk heel hard naar je op en heb enorm veel respect en waardering voor jou en dat is voor het leven! Ik kom zondag even langs op de beurs, niet om je vragen te stellen, want ik wil geen misbruik van jou maken. Ik wil gewoon even langskomen om je te zien en je persoonlijk te bedanken! Lieve warme knuffelgroetjes, Julia en de kids.

Julia Van De Merlen

Beste Naomi,

Ik was deze namiddag aanwezig op je demonstratie en heb het geluk gehad dat ik uitverkoren werd om antwoorden te mogen ontvangen, waarvoor mijn dank aan jou en gene zijde. Je hebt toen de foto van mijn zoontje in je handen gehad en mij verschillende dingen verteld waar ik écht versteld van stond! Ik wilde je langs deze weg nog bedanken voor de goede raad. Het was vrij hard, maar deze harde woorden had ik nodig om verder te kunnen gaan! Bedankt en groetjes, Birgit.

Birgit

Hoi Naomi,

Bij dezen wil ik jou hartelijk bedanken voor alle nieuwe inzichten en vaardigheden die ik heb mogen verwerven dankzij jou. Er is nog heel wat werk voor mij om dit verder uit te bouwen en bij te schaven, maar ondertussen heb ik weer richting gevonden en weet ik ook welke weg ik verder moet bewandelen. Ik kijk al uit naar de verdere ondersteuning die je me kunt geven binnen afzienbare tijd. Ik heb trouwens vannacht lekker geslapen naast mijn tweelingzieltje ☺. Veel liefde, licht en kracht vanwege Bart, echtgenote Martine en oergids William ☺.

Bart Anthonis

Hallo Naomi,

Ik zou je graag extra willen bedanken voor al je onvoorwaardelijke steun die je mij al hebt gegeven. Het heeft me écht diep geraakt dat je maandag na de les eventjes tijd voor mij hebt vrij gemaakt, terwijl ik maar al te goed weet hoe druk je het hebt. Speciaal voor jou dit kleine maar betekenisvolle gedichtje vanuit mijn hart:

Jij opende mijn ogen die gesloten waren,
zodat ik me zelfs in de spiegel niet meer zag.
Dank je voor al de uren die we samen waren,
voor je goede raad en ook voor je milde lach.
Thanks, merci, danke, gracias, grazie, tack,
het betekent in één groot woord dank je wel.
In honderd talen wil ik je dus bedanken,
voor alles wat je hebt gedaan en je steun.

Kinikia ☺

Beste Naomi,

Vriendelijk dank mij te willen ontvangen tussen al je drukte. Het is bewonderenswaardig wat voor prachtig en goed werk je verricht. Het lijkt een zware taak en opgave en het moet ook verschrikkelijk vermoeiend en uitputtend zijn wat jij allemaal doet, wat een energie heb jij zeg! Ik had helemaal geen tijd om dit aan jou te zeggen tijdens de consultatie, aangezien alles snel ging en ik overdonderd werd. Ik ga beginnen met ingestraalde kaartjes te bestellen, want ik ben er nu meer dan zeker van dat deze zullen werken ☺. In ieder geval wil ik je nog veel sterkte wensen met alles wat je doet en je hiervoor feliciteren! Vriendelijke groeten, Elsie.

Elsie

Hallo Naomi,

Ik weet niet dat je je mij herinnert? Ik ben Jonathan en ik heb een vijftal jaren geleden de cursus Zesde Zintuig Ontwikkeling gevolgd. Ondertussen is mijn leven heel sterk veranderd. Ik woon nu in Singapore en ben van plan om binnenkort naar Australië te verhuizen om een nieuw leven te starten. Het ziet ernaar uit dat mijn leven rond alternatieve geneeskunde, met de nodige portie spiritualiteit, zal draaien en de business daarrond. Ik wil je vooral bedanken omdat je mij geholpen hebt in mijn spirituele reis en ook voor je woorden. Die hebben mij kracht gegeven en geholpen om tot aan de andere kant van de wereld te geraken ☺. Als ik ooit nog in België ben, dan hoop ik dat onze paden elkaar weer kruisen. Het ga je goed, Jonathan.

Jonathan Dubrulle

Beste Naomi,

Eerst en vooral wil ik je feliciteren met Live on Stage op 24 juni 2010 te Merksem, toen je jouw tweede boek *De glimlach van de ziel* hebt voorgesteld, en uiteraard ook met het bangelijke optreden dat je diezelfde avond hebt gegeven. Je hebt dat werkelijk fantastisch gedaan, voor mij en vele anderen een heel duidelijk bewijs van gene zijde! Ook is de cursus Zesde Zintuig Ontwikkeling voor mij een grensverleggende ervaring geweest, in het bijzonder omdat ik af en toe Ilke, mijn oergids, mag ervaren. De analyses van horoscopen, die ik voor de cursus al deed, boeken nu nog meer vooruitgang dankzij de verschillende methodes die ik van jou heb mogen leren zoals de spirituele buikademhaling, mijn intuïtie waarachter Ilke, mijn oergids, schuilt en nog zoveel meer. De cursus heeft dus voor een sterke duw in mijn ontwikkeling gezorgd! Met heel veel licht en liefde groet ik jou... Yves.

Yves Polet

Hallo Naomi,

Hartelijk dank voor je boodschap afgelopen zondag op de beurs. Het is een hele opluchting te weten dat onze hond Laika er zelf voor gekozen heeft om te gaan, nu kan ik die laatste blik van haar begrijpen. Het was een afscheid, want na die blik heeft ze me niet meer aangekeken en was ze ontzettend rustig. Nu weet ik ook honderd procent zeker dat ze klaar was om te gaan. Dankzij jou kan ik nu innerlijk écht afscheid van haar nemen, dank je wel Naomi!

Carine Vanhinsberg

Liefste Naomi,

Ik wil je bedanken voor de voorbije dertien dinsdagavonden die ik samen met anderen bij jou heb mogen meemaken. Het is geen *toeval* dat ik mij al had ingeschreven alvorens ik je gezien had op televisie en ik via een goede vriendin van jou had gehoord. Er is in mezelf in een korte tijd enorm veel geopenbaard geweest al voor de cursus, veel van wat je gezegd hebt tijdens de voorbije dertien lessen was een erkenning en bevestiging van wat ik eerder wist. En er is ook veel informatie geweest die voor mij nieuw was en die ik dan ook met volle teugen heb ontvangen en opgeslagen op mijn harde schijf ☺. Eerlijkheidshalve moet ik toegeven dat ik het er soms moeilijk mee had dat je de indruk gaf dat je de waarheid in pacht hebt, dat stoorde mij een beetje. Ik heb altijd tegen iedereen gezegd dat niemand de waarheid in pacht kan hebben. Maar als ik je bezig zag en vooral hoorde hoe je iedere keer opnieuw een mooi en sterk bewijs gaf, kan ik alleen maar begrijpen waarom en er vooral respect voor hebben dat je zo zeker was van je stuk. Je schijnt de waarheid inderdaad in pacht te hebben! Bovendien, als ik mijn intuïtie volg en ook luister naar mijn innerlijke stem, mijn oergids, dan hoor ik haar steeds zeggen: 'Naomi heeft gelijk hoor, geloof haar maar!' Het belangrijkste wat ik uit die lessen geleerd en onthouden heb, is dat ik mijn diepe innerlijke ik nu eindelijk volledig heb leren kennen én ook aanvaard heb. Er is als het ware een serieuze last van mijn schouders gevallen. Alles valt nog meer als een puzzel in elkaar na die ervaring met mijn oergids. Dat contact was écht zo speciaal en apart als je ook beschreven hebt in mijn persoonlijke evaluatie. Ik dacht bijvoorbeeld vroeger dat ik op vrouwen viel met lang zwart haar en een bruine huid, zoals Aziatische vrouwen, die vielen mij ook altijd het meest op.

Ik dacht eerlijk gezegd dat zulke vrouwen mijn type waren, maar ik weet nu dankzij jou dat hun uiterlijk meer een soort herinnering was aan mijn oergids, omdat de omschrijving die je mij gegeven hebt vergelijkbaar is met mijn oergids. Misschien is het ook geen *toeval* dat jij lang zwart haar hebt, hé ☺. In ieder geval wil ik je duizend keer bedanken dat je mij en anderen hebt geholpen met het ontdekken van hun innerlijke ik en contact hebt leren maken met de belangrijkste bondgenoot buiten je tweelingziel, namelijk je oergids. Het was ontzettend leerrijk en ik kan alleen maar zeggen: ***keep up the good work Naomi and Phoenix!*** Zoals je altijd aan anderen geeft, geef ik jou nu heel veel liefde, licht en kracht. Veel liefs van een ontzettend dankbare Nico.

Nicolas

Lieve Naomi,

Even een piepklein kort mailtje, maar ik kon me niet langer bedwingen ☺. Dank je wel voor al je mooie woorden, voor je daden en je positieve energie, maar ook voor je pure vriendschap en het delen van je passie voor al je dieren! Ik ben blij dat ik je heb mogen leren kennen als persoon en niet enkel als medium. Je hebt mijn oogkleppen verwijderd. Ik geniet nu meer van al het moois dat ik rondom mij heb. Vooral de vriendschap en liefde van mijn dieren alsook de gesprekken met mijn oergids maken het leven waardevol. En wat de toekomst me ook nog mag brengen, ik weet toch dat me iets moois te wachten zal staan en ik nog veel te leren heb, maar dat het vanaf nu alleen maar beter kan gaan. Hoe en wanneer ik bepaalde dingen zal bereiken in mijn leven doet er niet toe, innerlijk weten dat het onderweg is is al voldoende, want de weg ernaartoe is al een hele levensles op zich. Iedere tegenslag die ik meegemaakt heb is een harde levensles, maar ik laat me door niets en niemand innerlijk kapot krijgen. Daarvoor heb ik te hard aan mezelf gewerkt en weet ik ondertussen wat ik wil én niet wil in mijn leven. Ik laat me niet gemakkelijk meer door anderen gebruiken, dat was de oude Cynthia, tijd nu om een nieuwe toekomst tegemoet te gaan. Lieve Naomi, als ik ooit iets voor je kan terugdoen, het maakt niet uit wat, dan ben ik er ook voor jou! Dikke kus en een dikke knuffel, liefs, Cynthia xxx.

Cynthia Dewachter

Dag Naomi,

Ik wil je even laten weten dat je voorspellingen alweer zijn uitgekomen! Een dame die ik ken was lang geleden bij je geweest en jij had toen iets ergs voorspeld, wat je normaal gesproken niet gemakkelijk tegen iemand vertelt. Die dame zou rond haar vijftigste onverwachts maar zonder pijn sterven. Ze wilde de waarheid ook van jou weten, omdat haar gezondheid al niet optimaal was. Het sterke van al is dat ze eergisteren gestorven is tijdens een operatie aan haar hart en ze was negenenveertig jaar ☹. Toch straffe koffie van jou, hoor! Tegen mij had je bijvoorbeeld gezegd dat onze dochter het zou klaarspelen om een hondje te krijgen. Je moet weten dat we er altijd heel erg tegen waren, maar dat het haar uiteindelijk toch gelukt is om ons zover te krijgen. Je had trouwens ook gezegd dat het een wit hondje zou zijn, rarara, de keuze is uiteindelijk ook naar een wit hondje gegaan, zonder te weten wat jij mij van tevoren had verteld ☺. Jij bent toch écht een straffe madam, hoor! Lieve groetjes, Annelies.

Annelies Bervoets

Belangrijk: vergeet nooit dat welke informatie ik ook iemand mag geven, het nooit echt mijn bedoeling is om iemand te kwetsen. Ik wil niet hard zijn, maar ik moet soms hard zijn, is het niet om mezelf te beschermen dan is het om anderen iets heel duidelijk te maken. Dit is nodig om een inzicht te geven, een waarschuwing, een teken dat men moet leren, het gevoel nog iets te kunnen doen of te betekenen voor iemand enzovoort. Als medium ontvang je aangename en minder aangename informatie, maar dat hoort nu eenmaal ook bij het leven zoals het is. Als medium kun je advies geven, maar uiteindelijk doe je met alle informatie wat je zelf wenst!

Je lichaam en geest in balans brengen

Om je lichaam en geest in balans te kunnen brengen, in evenwicht, is het belangrijk dat je denken, voelen en handelen op een bewuste en ook positieve manier gestimuleerd worden. Je moet er in eerste instantie bij stilstaan, zodat je een innerlijk evenwicht kunt ervaren dat ook uiterlijk waarneembaar zal zijn, want iemand die in evenwicht is, in balans, straalt kracht en zekerheid uit. Dat betekent een oase van positieve energie, die ervoor zorgt dat men op een bewuste manier gaat leven door aan zichzelf te blijven werken en niets als vanzelfsprekend te nemen. Je legt je innerlijke lat steeds hoger om uiteindelijk ook het maximum uit het leven te kunnen halen. Bovendien is het heel belangrijk dat je tijdens dit proces jezelf innerlijk beloont door op bepaalde momenten te genieten van het moment zélf en tevreden te zijn met wat je al hebt bereikt, zonder dat je jezelf bijvoorbeeld zorgen zit te maken over morgen. Het heeft namelijk geen enkel nut dat je jezelf druk zit te maken over bepaalde dingen waarvan je nog niet eens weet hoe ze werkelijk zullen verlopen. Daardoor geraak je innerlijk uit balans en kan je stellen dat de yin en yang, lichaam en geest, niet in evenwicht zijn. Dat is ook de belangrijkste reden waarom sommige mensen gemakkelijker negatieve situaties aantrekken zonder dat ze zichzelf er bewust van zijn dat ze hiervoor eigenlijk zélf verantwoordelijk zijn.

Het is een kunst als je regelmatig de tijd kunt nemen om je lichamelijk en geestelijk te ontspannen zonder dat je het op dat moment écht nodig hebt. Probeer dus tijdig je lichaam tot rust te laten komen en je geest een positieve *drive* te geven, zodat je veel meer leert genieten van de eenvoudige dingen in het leven waarbij je voorheen niet eens stilstond en waarbij je niet besefte dat je eigenlijk gelukkig en dankbaar zou moeten zijn. Als je er moeite mee hebt, kun je je eigen leven eens vergelijken met situaties van andere mensen die het nog slechter hebben dan jezelf. Misschien ga je daardoor de kleine dingen in het leven meer respecteren zodat je gelukkiger kunt zijn, want tot slot, wat is gelukkig zijn? Iedereen zal dat voor zichzelf op een andere manier invullen. Het belangrijkste is eerst en vooral dat je het kunt invullen, want anders weet je niet wat je wilt en kom je ook niet ver in je leven. De essentie van geluk zit diep in je hart en ziel en is iets wat je kunt voelen als je er bewust mee leert omgaan en als je innerlijk leert vechten om dat geluk uiteindelijk te kunnen bereiken in je leven. Dat brengt namelijk je lichaam en geest in evenwicht.

Als je denken, voelen en handelen in balans zijn lijkt het misschien alsof je leeft van dag tot dag, maar dat is niet correct. Je leeft strevend naar de toekomst toe, inclusief dat je de dingen spontaan op je weg laat komen, zonder geobsedeerd achter je leven aan te hollen. Als je in je hart en ziel kunt voelen dat bepaalde dingen ook op je weg zullen komen wanneer de tijd er rijp voor is, en je bepaalde beelden voor de geest kunt halen over hoe je het wilt of niet wilt, dan kun je spreken over een evenwicht tussen lichaam en geest. Je hebt controle over jezelf, je wensen, je angsten, je gevoelens enzovoort. Iets wensen is als een sterk houvast waar je regelmatig mee bezig bent maar dan op een gezonde manier, zonder dat je dus dingen gaat doen die je normaal gesproken nooit zou doen. Ik bedoel hiermee niet uit impulsiviteit, maar eerder dat je iets onderneemt waarbij je jezelf en mogelijk andere mensen in de nesten werkt. ***Tot slot:*** andere mensen mogen in geen enkel geval onder jouw wensen lijden!

Tracht het juiste moment in je leven te zoeken om iets gerealiseerd te krijgen, iets wat voor jou heel belangrijk is in je leven en waar je met lichaam en geest (ziel) achter staat. Alvorens je ook in staat bent om alles te bereiken wat je wenst te bereiken in je leven, is het belangrijk dat je de juiste voeding (energie) aan je lichaam en geest geeft. Mensen die bijvoorbeeld zichzelf regelmatig laten masseren hebben minder problemen om hun stress onder controle te krijgen. Een sauna alsook meditatie kunnen eveneens heel stimulerend werken, zowel voor lichaam als geest.

Belangrijk: hoe iemand innerlijk is, is veel belangrijker dan hoe iemand eruitziet. Als iemand bijvoorbeeld een rotkarakter heeft maar zich zo uitdost dat hij er prachtig uitziet, dan blijft hij nog steeds rot vanbinnen. Vroeg of laat komt die rotheid naar buiten en ziet iedereen hoe die persoon werkelijk is. Als iemand een goed karakter heeft en aan zichzelf blijft werken maar er uiterlijk minder prachtig uitziet, dan zal die positieve energie uiteindelijk ook naar buiten komen. Dankzij die positieve energie zullen ook andere mensen die persoon qua uiterlijk in een heel ander daglicht gaan zien. Deze energie (voeding) heeft de charmes, de eerlijkheid en de spontaniteit om in alle glorie het uiterlijke te kunnen overwinnen!

Een nadenkertje: het allerbelangrijkste is het innerlijke van zowel mens als dier. Het is een heel goede basis om iets langdurigs te kunnen opbouwen, waarna er gewerkt kan worden aan uiterlijke voldoening. Denk maar eventjes aan een appel: als die vanbinnen echt slecht is, zul je die niet opeten. Maar als hij er vanbuiten slecht uitziet en iemand zegt tegen jou dat hij eigenlijk wel lekker is vanbinnen en dat je die buitenkant er gewoon moet afsnijden, dan zul je die gok hoogstwaarschijnlijk wagen, zodat je toch van die appel kunt proeven. Het komt op het volgende neer: iets wat innerlijk met zorg wordt behandeld, zal uiteindelijk later vruchten opleveren ☺!

Voorbeeld: ***Body & soul in balance***

Er bestaan verschillende oefeningen die je lichaam en geest volledig tot ontspanning kunnen brengen. De oefening die het best bij jou past, is de oefening waar jij jezelf het best bij voelt. Er bestaat geen gulden oefening die voor iedereen doeltreffend is, want iedereen is verschillend en heeft een andere vorm van ontspanning nodig om zich innerlijk volledig te kunnen relaxen. Het allerbelangrijkste is dat je vertrouwen moet hebben om iets te kunnen bereiken. Probeer te genieten van iedere ontspanning die je kunt voelen via een bepaald beeld of omgeving die je visualiseert of in werkelijkheid mag zien, het gevoel dat je lichamelijk en/of geestelijk mag ervaren, de stilte van ontspanning of een geluid dat je doet genieten, de intense smaak of lust die je krijgt om iets uit te proberen en de natuurlijke geuren die ervoor kunnen zorgen dat alle stress even verdwijnt of volledig weg is. Als je een oefening doet of een activiteit hebt in je leven die de meeste van al deze opgesomde dingen kan verwezenlijken, dan kun je stellen dat je iets gevonden hebt in je leven waarmee je lichaam en geest helemaal tot rust kunnen komen. Daarom is het belangrijk dat je tracht uit te zoeken wat het best bij jou past, zodat je bezig bent om je *body & soul in balance* te krijgen.

Door je zintuigen lichamelijk en geestelijk te stimuleren zorg je ervoor dat je in balans, in evenwicht geraakt. Ik ga een bijzonder geheim onthullen, dat iedereen kan uittesten om te kijken of je een goede controle hebt over je lichaam en geest. Het is een test die je zal tonen hoe het uiterlijk en innerlijk met je gesteld is. Deze oefening moet je doen in stilstaand water, dus niet in zee maar bijvoorbeeld in een zwembad. Leg je in het water langzaam neer op je buik met je armen naar voren gestrekt. Als je in evenwicht bent, zul je drijven op het water. Op het moment dat je eventjes denkt: ik ga onder, dan is het blub... en zúl je ook ondergaan ☺!

De juiste voeding die je ziel stimuleert

De ziel van mens en dier, die onsterfelijk is, is te vergelijken met een krachtbron van energie, die tijdens het leven op aarde in een menselijk of dierlijk lichaam verschillende ervaringen heeft opgedaan waar ze al dan niet iets positiefs uit geleerd heeft. Het is mogelijk om je ziel op de juiste manier te voeden door een positieve gedachtegang maar ook door positieve dingen te ondernemen in je leven. Het is van belang dat je jezelf regelmatig leert ontspannen, zodat je jouw lichaam ook veel beter leert kennen. Diegenen die bijvoorbeeld iets doen uit drang, hebben een bepaalde verslaving die niet goed is voor de ziel. Als je ook de juiste voedingswaarde leert ontdekken die je ziel positief stimuleert, dan kun je stellen dat je jezelf door en door kent en naar de signalen van je lichaam kunt luisteren. Enkele voorbeelden zijn: je eet iets tot je grote honger voorbij is en niet tot je broek gekneld zit, je doet iets ontspannends omdat je lichaam het nodig heeft en niet wanneer je geestelijk bent uitgeput, je geeft vriendschap omdat je om iemand geeft en niet omdat je iets gedaan wilt krijgen, je beloont jezelf met een glas limonade omdat je behoefte hebt aan suikers en niet omdat je je dorst wenst te lessen met een fles limonade enzovoort. Tracht voor jezelf maar eens na te gaan of je iemand bent die echt gezond of ongezond leeft en welke signalen jouw lichaam stuurt als je bijvoorbeeld het gevoel hebt dat je ziek gaat worden of last hebt van geestelijke vermoeidheid. Besef dat je te allen tijde iets aan je voeding kunt veranderen als je dat zelf wenst. ***Tot slot:*** welke lichamelijke of geestelijke problemen je ook hebt, vergeet nooit je voeding aan te passen, want dat is altijd raadzaam!

Iemand die uiteindelijk gezonde voeding eet, geeft aan zijn ziel de juiste voeding. Als je bijvoorbeeld regelmatig veel rood vlees zou eten, is het mogelijk dat je jezelf achteraf bekaf voelt door het eten van dat rood vlees. Met sommige voedingsmiddelen kan het gebeuren dat je na een volledige maaltijd plotseling een suikershot nodig hebt omdat je te gezond gegeten hebt. Je mag nadien jezelf wel verwennen met bijvoorbeeld een klein stukje chocolade om aan het gemis aan suikers te voldoen, maar het is niet de bedoeling dat je een hele reep chocolade gaat eten. In dat laatste geval gaat het niet meer om een beetje suiker, maar maak je jezelf al snel verslaafd aan te veel suikers. Het komt erop neer dat een gezonde voeding in grote lijnen voor iedereen hetzelfde is, maar dat iedereen er wel anders op zal reageren. Je moet met veel factoren rekening houden, zoals met gezondheidskwesties, want je moet er bijvoorbeeld voor zorgen dat je lichaam niet te weinig vitaminen en mineralen opneemt.

Naomi's inzicht:
Hoe meer mens en dier eten, hoe meer ze psychologisch nodig zullen hebben. Besef dat wanneer je met honger gaat slapen, je hoogstwaarschijnlijk zonder honger zult opstaan. Als je eet alvorens je gaat slapen, dan is de kans vrij groot dat je 's morgens zult opstaan met grote honger. Vergeet trouwens niet dat iedere voedingsaanpassing afkickverschijnselen kan meebrengen, want alles wat vroeger te veel was, is nooit goed geweest voor je lichaam en dus ook niet voor je ziel.

Als je een sterke controle hebt over de juiste voeding voor je ziel, ondervind je ook wanneer er innerlijk iets niet juist is. Als je bijvoorbeeld normaal nooit melk drinkt en er op een bepaald moment een sterk verlangen naar hebt terwijl je jezelf op dat moment kiplekker voelt, dan is de kans groot dat je ziek aan het worden bent. Je lichaam stuurt dan die signalen om je duidelijk te maken dat er iets niet juist is en dat je jezelf extra zult moeten verzorgen, want dat je anders mogelijk door gene zijde wordt platgelegd, zoals men dat in de volksmond zegt. Ook als je bijvoorbeeld plotseling de behoefte hebt om enkele dagen na elkaar heilbot te eten, dan is het mogelijk dat je lichaam deze signalen stuurt omdat je bijvoorbeeld een magnesiumtekort hebt, terwijl heilbot een natuurlijke bron van magnesium is. Magnesium is een mineraal dat onder andere goed werkt tegen geestelijke vermoeidheid.

Als je je ziel wenst te stimuleren met de juiste voeding, betekent dit ook dat je impulsief dingen zult moeten ondernemen die je geestelijk positief zullen stimuleren, waardoor je een voldoening ervaart en innerlijk verzadigd geraakt met niets anders dan positiviteit. Het is fijn om bijvoorbeeld achteraf terug te denken aan een bepaalde situatie die je toen een heel goed gevoel gaf. Het zorgt ervoor dat je opnieuw het plezier en het genot kunt ervaren waardoor je innerlijk weer zult glimlachen, met andere woorden een positieve *boost* en dus ook de juiste voeding voor de geest, de ziel. Onderneem actie, doe dingen waarvan je al lang droomt in je leven, maak al je dromen waar, want jij bent de enige die ze in eigen persoon kan verwezenlijken.

Goed om te weten:
Indien je op een gezonde manier wenst te leven, kan het

nuttig zijn om eerst een grondige darmkuur op grootmoeders wijze toe te passen. Dat betekent dat je gedurende drie dagen iedere morgen op nuchtere maag vier tot maximaal twaalf donkere pruimen eet zonder schil. Je brengt bijvoorbeeld vier pruimen aan de kook tot je het vel goed kunt verwijderen. Je eet daarna langzaam de pruimen op en gooit het vocht weg. Je moet ook drie uur wachten alvorens je iets anders eet of drinkt. Het is enkel toegelaten om plat water te drinken. Zorg ervoor dat je de drie dagen waarop je die intensieve pruimenkuur toepast in de voormiddag thuis bent, zodat je dicht bij de wc bent en ernaartoe kunt lopen, want dat zal nodig zijn. Binnen drie uur moet je resultaat hebben, indien dit niet het geval is, kun je het aantal pruimen de volgende dag verhogen en eventueel de pruimenkuur ook langer toepassen. Mensen die gemakkelijk buikloop hebben, beginnen misschien beter met de laagste dosering, namelijk vier pruimen. Alle voedingsresten die in je darmen zijn achtergebleven, komen er met die pruimenkuur gegarandeerd uit.

Belangrijk: je ziel, je geest heeft aardse ervaringen nodig, dat betekent dat die aan bepaalde verleidingen moet kunnen weerstaan. Zo kan je ziel, je geest je dus ook meermaals testen om bijvoorbeeld de verleiding van ongezonde eetgewoonten te leren weerstaan. Je moet dus niet alleen karakter hebben maar ook geestelijke ervaring om aan die negatieve dingen te kunnen weerstaan. Je kunt dan stellen dat mensen met een sterk karakter meestal ook een oudere ziel hebben. Je ziel, je geest is als een soort kompas dat je dingen doet opzoeken om allerlei aardse ervaringen op te doen, met vallen en opstaan. Ga bijvoorbeeld nooit winkelen als je grote honger hebt, want dan zijn je ogen altijd veel groter dan je maag ☺!

Lourdes, een krachtige bedevaartplaats

Lourdes, *the place to be* voor mensen die het lichamelijk of geestelijk nodig hebben om hier hun krachten op te doen, is het niet voor zichzelf dan kan het ook voor iemand anders zijn. Ze vinden er de kracht alsook de hoop die hen kan helpen in hun proces. Niet alle mensen die ernaartoe gaan zijn daarom echt gelovige mensen, want wat is trouwens gelovig zijn? Als je gelooft in *iets* wat ontastbaar, onverklaarbaar is, met andere woorden niet vatbaar voor het menselijke verstand, dan kun je dat al onder de noemer 'gelovig' plaatsen. Zo bestaan er over de hele wereld verschillende bijzondere plaatsen die een kracht uitstralen waar iedereen naartoe kan gaan en zich daardoor zelfs beter kan voelen, als men er zich uiteraard innerlijk voor openstelt. ***Tot slot:*** op welke manier een mens ook hoop kan krijgen, het kan een heel belangrijke strohalm zijn in ieder proces, want het heeft altijd psychologisch een gunstig effect. Een mens heeft ook niets te verliezen, als hij wenst hoop te krijgen om te willen leven!

Naomi's reactie:
In mijn jeugdjaren heb ik via Franske (mijn spirituele vader) de kans gekregen om mee te gaan naar Lourdes, een plaats die ik tot de dag van vandaag nog steeds ontzettend koester. In die periode van mijn leven had ik het ontzettend moeilijk, maar ik weet nog heel goed dat die plaats mij ontzettend veel kracht en inzicht heeft gegeven. Je hoeft het niet

te geloven als ik je vertel dat ik de energie in die grot met mijn eigen ogen werkelijk heb kunnen waarnemen. Ik vertelde toen tegen Franske dat ik in die grot allemaal lichtpuntjes van energie zag, net alsof het kaarsvlammetjes waren. We gingen meestal 's morgens héél vroeg of 's nachts naar de grot, omdat het dan heel rustig was. Je kunt je namelijk niet voorstellen wat voor een menigte mensen, alsook dieren vergezeld van hun baasjes, daarnaartoe kwam. Er kwamen mensen met allerlei soorten ziekten, op krukken, in rolstoelen, ziekenbedden enzovoort. Die beelden kan ik mezelf nog zo voor de geest halen. Het was echt heel grote ellende wat je daar allemaal zag. Diegenen die ook mijn eerste boek *Boodschappen van gene zijde* hebben gelezen, weten dat ik heel wat heb meegemaakt in mijn leven. Maar eerlijk gezegd, die mensen die ik toen zag met allerlei aandoeningen, de gevoelens die ik ook al als medium over mij heen kreeg, de geluiden die je zelfs al van ver kon horen enzovoort, dat alles raakte mij zo door merg en been dat alles wat ik in mijn leven had meegemaakt als sneeuw voor de zon verdween, dat meen ik oprecht! Het klinkt misschien vreemd als ik zeg dat ik daardoor ook mijn innerlijke kracht heb teruggevonden. Ik besefte maar al te goed dat ik heel blij moest zijn dat ik gezond was, dat ik mijn armen en benen nog had en ook geestelijke steun kreeg van Franske, die voor mij ooit een wildvreemde man was. Ik kende hem voordien nog niet zo lang en heb hem ontmoet toen ik in het diepste dal van mijn leven zat. Franske hoopte vooral dat die reis mij zou helpen om opnieuw te willen leven, omdat hij innerlijk heel goed kon aanvoelen dat ik later in mijn leven een heel belangrijke taak als adviesgevend medium voor zowel mens als dier zou vervullen.

Die lichtpuntjes waren ook op de foto waarneembaar, toeval?

Goed om te weten:
In Lourdes heb ik veel dingen mogen zien, maar ook heel intense gewaarwordingen mogen ervaren. Het was een bijzondere, krachtige plaats waar ik meermaals ook innerlijk om hulp gesmeekt heb. Ik heb zelfs met volle overgave de grot gekust, iets wat ik normaal nooit zou doen. Het was voor mij werkelijk een openbaring, vooral op momenten waarop ik meermaals ook de bevestiging kreeg dat ik later mensen en dieren zou helpen met mijn paranormale gaven. Ik kreeg toen vooral beelden te zien, maar ook een innerlijke stem te horen die mij enorm veel kracht gaf, en die kwam van mijn oergids Phoenix (een Apache-indiaan). Meermaals heb ik in die grot kleine en grote kaarsen laten branden, voor mezelf en andere mensen en dieren alsook voor overledenen. Het laten branden van kaarsen is iets wat ik nooit zou kunnen laten, het geeft mij innerlijk een heel goed gevoel als ik dat kan doen. Ik zonder mij dan eventjes af, zodat

ik nog meer in mijn wereld van het mediumschap kan komen. ***Tot slot:*** is Lourdes voor mij een geweldige en onvergetelijke reis geworden. Ik hoopte er ooit terug te kunnen komen, maar dan wél in een evenwichtige toestand ☺!

Naomi's inzicht:
Als je iemand tegenkomt wanneer je in je leven in een diep dal zit, en die persoon blijft je onvoorwaardelijk steunen en verliest nooit het geloof in jouw kracht, besef dan heel goed dat je een vriend of vriendin voor het leven hebt. Zulke mensen zijn zeldzaam en uniek! Meestal heb je er zo maar eentje in je leven buiten je tweelingziel uiteraard, je *soulmate*, wat voor mij mijn echtgenoot is, mijn schoemeke Marc ☺.

Belangrijk: ik vind het betreurenswaardig dat als bijvoorbeeld een priester zedenfeiten heeft gepleegd, de wereld dan in rep en roer staat omdat het om een priester gaat. Een priester wordt als een heilige man gezien, wat ik persoonlijk taboe vind! Vergeet niet dat er misschien om je hoek ook zulke dingen gebeuren, die daarom zeker niet minder erg zijn! Als bijvoorbeeld een familielid, buurman, leerkracht of iemand anders zedenfeiten pleegt, is dit dan meer aanvaardbaar omdat het hier niet om een priester gaat? Het is altijd verschrikkelijk als zoiets gebeurt, maar niemand kan erover oordelen als je niet helemaal weet hoe de vork in de steel zit! Je mag uiteraard je medeleven tonen, maar daar houdt het in principe ook mee op. Het is vooral aan de slachtoffers en de mensen die er heel dicht bij staan om zulke dramatische dingen te verwerken. Als die mensen oordelen en veroordelen, daarvoor kan ik meer respect opbrengen dan dat buitenstaanders er heisa rond maken en bijvoorbeeld alle kinderen bang maken van priesters, alsof plotseling alle priesters slechte mensen zijn. ***Tot slot:*** is het heel belangrijk dat je jouw aandacht niet te veel focust op de problemen van anderen, maar dat je eerst kijkt naar jezelf, je gezin, je familie, je vrienden en zorgt voor een goede communicatie en je ogen goed opent!

Sommige mensen hebben ook een heel sterk bijgeloof dat zowel positief als negatief kan zijn. Hun haren komen overeind te staan, ze zijn ervan overtuigd dat je in je ongeluk zult lopen of er komt iets heel positiefs op je weg, als er iets gebeurt wat met hun bijgeloof te maken heeft. Eigenlijk is het niets anders dan psychische zelfsuggestie, ze maken zichzelf wijs dat er ook iets zal volgen als er iets gebeurt wat met hun bijgeloof te maken heeft. Ze zijn er rotsvast van overtuigd dat het zo zal verlopen, zeker als ze het al een keertje hebben meegemaakt!

Enkele bekende staaltjes van bijgeloof zijn onder andere:

1. Als je iemand jouw wens vertelt komt die niet uit.
2. Een paraplu binnenshuis openen brengt ongeluk.
3. Met een eikeltje op zak blijft men er jong uitzien.
4. Een klavertjevier op je weg is een geluksbrenger.
5. Als je onder een ladder loopt brengt dat ongeluk.
6. Een spiegel breken betekent zeven jaar ongeluk.
7. Een hoefijzer boven de deur hangen brengt geluk.
8. Naar rechts niezen brengt geluk, naar links ongeluk.
9. Als een zwarte kat je pad kruist krijg je ongeluk.
10. Als de meeuwen laag vliegen is er storm op komst.
11. Een kikker brengt geluk als hij binnentreedt in huis.
12. Je bed op vrijdag verschonen brengt nare dromen.
13. Het getal dertien brengt ongeluk, net als vrijdag de dertiende.

Naomi's tip:
Het kan heus geen kwaad dat je bijgelovig bent, maar besef dat we meestal zulke dingen gaan linken aan bekende situaties en hoe jij jezelf voelt, zal bepalen of jouw bijgeloof zal uitkomen of niet! Denk maar eens dat een zwarte kat in plaats van ongeluk, geluk brengt als die je pad kruist. Het is vooral belangrijk dat je het ook innerlijk gelooft, anders werkt de formule niet. Trouwens, voor mij is het getal dertien een geluksgetal, zeker als het op een vrijdag valt, voor anderen misschien ook het tegenovergestelde? ***Tot slot:*** wie heeft er uiteindelijk gelijk? In werkelijkheid... niemand ☺!

Een nadenkertje: bijgeloof is iets wat mensen ook zelf hebben uitgevonden. Een geloof is iets wat diep vanuit je ziel, je innerlijke ik komt. Je bent bijvoorbeeld een voorstander van een bepaald geloof of je bent dat niet. Het geloof heeft een ongelooflijke kracht en kan veel doen voor zowel mens als dier. Er kunnen onverklaarbare dingen gebeuren die iedere ongelovige thomas doen inzien dat er meer bestaat tussen hemel en aarde. Mensen vragen mij soms hoe ik dat doe, beelden en informatie ontvangen, wat heel moeilijk is om uit te leggen, omdat ik niet anders gewoon ben en ook niet beter weet! Het zou hetzelfde zijn als ik aan jou zou vragen hoe jij ervoor zorgt dat je geen beelden en informatie ontvangt.

Het mooiste van gene zijde is: of je nu een blanke, gele of bruine huidskleur hebt, iedereen is evenwaardig, ongeacht welke afkomst of job je ook hebt. Ieder mens moet toch alle levenslessen en ervaringen verkrijgen die men nodig heeft voor zijn eigen ontwikkeling. Waar de meeste mensen problemen mee hebben, is leren vergeven! Je kunt innerlijk nooit écht gelukkig zijn als je met bepaalde negatieve (haat)gevoelens blijft zitten. Graag wil ik Franske nóg eens bedanken voor de hemelse reis naar Lourdes, jij bent een man uit duizend ☺!

Een bijzondere case uit de praktijk:

Stephie, zij keek dwars door mij heen

Op 29 juni 2005 ontmoette ik Stephie voor de eerste keer bij mij in de praktijk. Vanaf het eerste ogenblik was er meteen een bijzondere band. Aangezien ik als medium tracht werk en privé goed gescheiden te houden, probeerde ik er in het begin niet te veel persoonlijke aandacht aan te besteden. Ik gaf me gewoon als medium en deed mijn werk zoals ik het voor iedereen deed. Na enkele keren haar bij mij in de praktijk gehad te hebben, leerde ik ook haar liefdevolle echtgenoot Jozef kennen. Ik herinner mij dat ik datzelfde gevoel opnieuw kreeg toen ik ook hem had ontmoet. Hen beiden samen te zien gaf mij de sterke ingeving dat dit koppel bij elkaar hoorde. Het mooiste was dat Jozef en Stephie datzelfde gevoel ook bij mij hadden. Ik kwam dat te weten doordat Stephie de schattige opmerking maakte dat ze bij mij meteen een klik voelde die iets te betekenen had en dat ze het gevoel hadden er een vriendin voor het leven bij te hebben, maar dat was ook wederzijds ☺. Stephie was iemand van wie je goed wist wat je aan haar had, ze mocht je of ze mocht je totaal niet.

Jozef vertelde mij dat Stephie zijn tweede relatie was, hij had haar leren kennen op 18 februari 2000. Hij wist al vanaf het begin dat Stephie een zware rugzak met zich meedroeg door haar verleden en dat ze hulp nodig had om deze leeg te maken, maar dat hij het er allemaal voor overhad omdat hij ontzettend veel van haar hield, al kon hij dat moeilijk verwoorden. Hij had opgemerkt dat sinds Stephie meerdere keren bij mij op consultatie was geweest, ze echt vorderingen begon te maken. Nochtans geloofde zij voordien helemaal niet in leven na de dood. Maar toen ik tijdens de eerste consultatie een reading deed over haar overleden vader die in 1998 was overgegaan, kon ze haar oren niet geloven en heeft ze haar mening moeten herzien. Vanaf toen geloofde ze meer dan ooit dat er werkelijk leven is na de dood.

In 2008 werd bij Stephie vastgesteld dat ze leed aan een erfelijke ziekte, een bepaalde vorm van mucoviscidose, dat betekent een chronische longinfectie en voedingsproblemen. Als gevolg daarvan diende ze regelmatig opgenomen te worden in het ziekenhuis voor een antibioticakuur. De voorbije jaren belde Stephie mij regelmatig op en probeerde ik voor haar een steun te zijn en gaf ik haar als een goede vriendin advies. Ik weet nog dat ze zich enorm aan mij optrok en dat ze ieder woord dat ik haar vertelde ook letterlijk nam. Op 13 december 2010 lag ze voor de zoveelste keer in het ziekenhuis, en dit op haar verjaardag. Ik belde haar toen op om haar te feliciteren met haar verjaardag, maar ook om haar een hart onder de riem te steken.

Al heel snel mocht ze daarna het ziekenhuis verlaten en belde ze mij op een namiddag op. Ze vroeg me wat ik ervan zou denken als ze voor enkele dagen naar zee zou gaan. Ik zei haar dat ze dat zeker moest doen, maar dat ze zich goed moest verzorgen. Ik vertelde haar dat ze zich innerlijk zou amuseren en dat niemand haar achteraf dat moment zou kunnen afnemen. Ze moest er even om lachen en zei: ‘Zo dacht ik er ook over Naomike, ik heb er behoefte aan om er eventjes tussenuit te zijn, en had graag jouw bevestiging gehad.' Van 17 december 2010 tot 6 januari 2011 verbleef Stephie in een appartement met zicht op zee, dat was haar wens en in die dagen kwam ze innerlijk echt tot rust, genoot ze van het gezicht van de zee, de omgeving, het water, de vogels enzovoort.

Op 6 januari 2011 heeft Jozef zijn vrouw Stephie moeten ophalen, omdat haar toestand het niet langer toeliet om nog aan zee te kunnen blijven. Rond middernacht is ook de huisarts langs geweest en die stelde vast dat ze een zware lumbago had gekregen in de rug. Hij schreef haar de nodige medicatie voor. Op 7 januari 2011 vroeg Stephie aan haar echtgenoot om haar te helpen om naar het toilet te gaan, maar vooraleer hij kon helpen is ze in een coma geraakt. De mug heeft haar naar het ziekenhuis gebracht en enkele uren later vertelde de spoedarts dat Stephie ook een zware longontsteking had.

Jozef belde mij onmiddellijk op om het slechte nieuws te vertellen, maar ook om te weten te komen wat ik zou doorkrijgen en wat er werkelijk gaande was. Ik vroeg aan Jozef of het wel goed was dat ik hem alles zou vertellen. Hij antwoordde mij: 'Ik vraag het aan jou als medium maar ook als vriendin, want ik wil weten wat er haar te wachten staat.' Ik vertelde hem dat ik totaal geen beeld meer kreeg van Stephie, wat voor mij betekende dat haar ziel al aan het overgaan was naar gene zijde, en dat hij ervan kon uitgaan dat Stephie maar enkele dagen in coma zou blijven. Op mijn manier vertelde ik hem ook, dat ik zag dat haar hersenfuncties kennelijk waren uitgeschakeld.

Op 10 januari 2011 vertelde de specialist van de intensieve zorgen dat er bij Stephie was vastgesteld dat de hersenstam niet meer functioneerde, en dat zij daardoor niet lang meer in leven zou blijven. Op 12 januari 2011 om 17u45 is Stephie overgegaan. Tien minuten later deelde Jozef mij via de telefoon het droevige nieuws mee. Nog geen tien minuten daarna stuurde ik Jozef een sms'je omdat ik al een prachtige boodschap had doorgekregen van Stephie. In mijn sms'je aan Jozef gericht schreef ik het volgende: 'Stephie is hier bij mij! Ze zegt luister eens Naomike en toen kreeg ik plotseling het liedje *The Rose* van Bette Midler te horen.' Het mooiste was dat Jozef onmiddellijk besefte dat Stephie die boodschap via mij aan hem had gegeven, aangezien er in de namiddag nog vóór haar heengaan over dat liedje was gesproken geweest.

Toen Stephie in coma lag en de specialist Jozef duidelijk had gemaakt dat zij zou sterven, vroeg Jozef aan mij of ik een tekstje wilde maken ter nagedachtenis aan Stephie. Hij wilde dat tekstje laten drukken op alle doodsprentjes als liefdevol aandenken aan Stephie. Ik weet nog dat ik een serieuze brok in mijn keel kreeg, ondanks dat ik als medium al goed kon communiceren met haar ziel aan gene zijde. Dat neemt natuurlijk het verdriet niet weg dat ik het miste om met haar als aardse vriendin te kunnen communiceren.

Op 12 januari 2011 stuurde ik Jozef via mail mijn tekstje door dat ik via automatisch schrift van zijn overleden vrouw Stephie heb mogen ontvangen. Toen Jozef het tekstje las, kreeg hij meteen een onbeschrijflijk gevoel dat hem duidelijk maakte dat het echt van Stephie kwam. Ik vond het bijzonder dat ik deze tekst van mijn overleden dierbare vriendin mocht ontvangen. Het bezorgde mij meermaals kippenvel en een zalig sereen gevoel, eindelijk werd ze verlost van al haar pijn...

Ik hield ontzettend van het geruis van de zee,
zó neem ik al mijn mooie herinneringen mee!
Weet dat ik jullie liefde in mijn ziel meedraag,
naar een plaats die mij rust geeft zonder geklaag.
Ik heb genoeg afgezien én soms dingen gezegd,
met al snel véél spijt want ik meende het niet echt!
Mijn wens is dat ik op een dag trots op jullie mag zijn,
dat jullie mijn heengaan verwerken én die innerlijke pijn.
Draag in jullie hart mijn spontane lach, dat meen ik écht,
dan pas kan ik als een ster schitteren, want vergeet nooit,
mijn liefde voor jullie is werkelijk oprecht!

Naomi Apachi, 12 januari 2011
(Naomike, zoals Stephie mij noemde)

In het weekend nadat Stephie was overgegaan, belde Jozef mij op en vertelde hij dat hij in een lade een cadeautje had gevonden dat Stephie hoogstwaarschijnlijk voor mij had gekocht. Hij was ervan overtuigd dat het voor mij bestemd was en wilde het nog afgeven vóór de afscheidsdienst. In maart 2010 hadden we afgesproken met Jozef en Stephie dat ze in de zomer maar eens moesten langskomen, zodat ze onze paarden konden zien, maar dat is door omstandigheden nooit kunnen doorgaan. Stephie keek er al maanden naar uit om onze paarden eindelijk te kunnen ontmoeten. Toen Jozef wilde afspreken voor dat cadeautje, kreeg ik Stephie door die fluisterde dat ik met Jozef naar onze paarden moest gaan en dat ik daar het cadeautje mocht opendoen dat ze voor mij had gekocht. Op die manier was ze er dan toch ook bij geweest ☺.

Op 17 januari 2011 ben ik met Jozef en mijn echtgenoot Marc naar onze paarden gegaan. Op die plaats heb ik het cadeautje dat Stephie voor mij had gekocht opengedaan. Het werd mij toen heel duidelijk waarom Jozef zo overtuigd was dat het voor mij bestemd was. Toen ik de verpakking opendeed, zag ik meteen een heel lief schattig rubberen hoesje om over een sleutel te doen, een soort van bescherming, een amulet waardoor ik Stephie nu altijd kan meenemen ☺. Het was een groen-paars bloemetje met als opschrift *Naomi's SLEUTEL*. Op het moment dat ik het zag, kreeg ik een glimlachende en gelukkige Stephie te zien, zij had nu ergens ook een beetje haar doel bereikt ☺.

Stephie Van Remoortere stierf op haar drieënvijftig jaar.

† *Stephie hoopt dat niemand haar innerlijke kracht zal vergeten.*

Naomi's reactie:
Stephie was een vrouw met een enorm groot en warm hart. Ze hield ook ontzettend veel van haar dieren, kinderen en Jozef. Soms zei ze dat ze niet kon begrijpen hoe hij het bij haar kon volhouden en dat hij soms veel te braaf voor haar was. Ik antwoordde dan: 'Dat noemen ze nu iemand graag zien met hart en ziel!' Meermaals hadden we telefoongesprekken die ook over koetjes en kalfjes gingen. Regelmatig liet ze zich ontvallen: 'Naomike, jij bent toch een schatje en zo'n lieve vrouw!' Ik moest er dan om lachen en zei: 'Maar Stephie, dat is echt lief dat jij dat zegt, maar de meeste mensen vinden mij nogal hard omdat ik recht voor de raap ben.' Ze antwoordde dan: 'Komaan hé, Naomi, ik ken jou gewoonweg en ik vind jou een echte schat, hoe stoer jij je ook gedraagt!' Op dat moment voelde ik mij innerlijk kwetsbaar, ik weet dat ik een grote mond kan hebben maar dat ik ook een heel klein hartje heb, en zij wist dat iedere keer positief te raken. Ik kan zeggen dat Stephie een heel bijzondere vrouw was, die iedere keer dwars door mij heen kon kijken! Ik ben gene zijde dankbaar dat Stephie echt nog heeft kunnen genieten van de zee, waar ze heel veel van hield. Ik wist eerlijk gezegd goed dat het haar allerlaatste kans zou zijn om naar zee te kunnen gaan. Dank je wel Stephie, voor je waardevolle vriendschap die altijd oprecht was! Ik zal zorg dragen voor je liefdevolle cadeautje en het natuurlijk meenemen en ook opnieuw gebruiken als ik verhuisd ben. Dat kleine, maar heel bijzondere cadeautje vertelt zoveel over wie jij werkelijk was, een écht lief troetelbeertje!

Een bijzondere case via de cursus:

José, haar wens is jullie innerlijke geluk

Het is prachtig en tegelijkertijd ontroerend als je weet dat een geliefde aan gene zijde er alles aan doet om jou op aarde opnieuw gelukkig te maken. Sommige mensen wensen bijvoorbeeld dat hun partner altijd alleen zal blijven als ze gestorven zijn, zodat ze nadien herenigd kunnen worden. Ik kan je alvast vertellen dat het geen enkele invloed heeft of men alleen is gebleven of opnieuw iemand heeft leren kennen. ***Tot slot:*** als twee zielen bij elkaar horen, dan betekent dit dat ze elkaars wederhelften zijn. Ongeacht hoe ze hun leven ook hebben geleefd, eens beide zielen aan gene zijde zijn, zullen ze hoegenaamd altijd met elkaar herenigd worden!

Soms gebeurt het dat mensen op voorhand dingen proberen te regelen alvorens ze komen te sterven, zodat ze op een vredige manier hun stoffelijk lichaam kunnen verlaten. Het geeft hen een innerlijke voldoening te weten dat de achtergebleven persoon er alles aan zal doen om opnieuw gelukkig te kunnen zijn, ongeacht wat geluk voor hen betekent. De ene persoon zal een nieuwe relatie aangaan, de andere zal zijn leven helemaal anders gaan leiden zodat er op een intensere en bewustere manier wordt geleefd, omdat men niets aan het toeval wil overlaten. Men tracht het maximum uit het leven te halen, zodat een dierbare ziel aan gene zijde trots kan zijn als hij ziet hoe men met het leven omgaat, dat men innerlijk vecht om opnieuw het zonnetje in de verte te kunnen zien schijnen. ***Een nadenkertje:*** wolken van verdriet door het verlies van een dierbare zullen langzaam verdwijnen, omdat men vooral probeert om door de ogen van de ziel aan gene zijde naar zichzelf te kijken! Iedereen kan het geluk op een andere manier beleven en voelen. Het is alleszins positief omgaan met een bepaalde situatie, het verdriet durven los te laten en zich iedere keer opnieuw herpakken, omdat je het besef hebt dat het leven voor jou nog niet voorbij is en dat er altijd mensen en dieren zijn die om je geven!

In 2000 ontmoette ik Michel, nadat hij zich had ingeschreven voor de cursus Zesde Zintuig Ontwikkeling. Ik herinner me nog goed dat hij een vlijtige cursist was die uit iedere les het maximum probeerde te halen en openstond voor nieuwe dingen. Hij was op zoek naar de voeding die hij nodig had om zijn ziel verder te kunnen ontwikkelen. Gelukkig gaf mijn cursus de juiste aanvulling van spiritualiteit die hij nodig had. Na de cursus ontmoette ik ook zijn vrouwtje José. Ik kwam hen meermaals tegen, onder andere op spirituele beurzen, waar ze iedere demonstratie van mij bijwoonden. Ik voelde aan dat ze respect voor mij hadden, niet alleen voor mijn mediumschap maar ook voor mij als persoon.

Samen hadden ze al tweeënvijftig jaar een heel harmonieus huwelijk waaruit hun liefdevolle zoon Guy is ontstaan. Als koppel hadden ze uiteraard ook hun verschillen in karakter, maar die werden gecompenseerd door de interesses die ze gemeen hadden en de activiteiten die ze samen deden. José was ook altijd een superlieve en zorgzame vrouw die alles graag op tijd geregeld zag. Ze had iets plagends maar ook ernstigs in zich en dat maakte haar bijzonder. Ze was niet alleen het vrouwtje van Michel, maar ook zijn vriendin en toeverlaat. Voor hun zoon was zij écht een *perfecte* moeder, hij kon zich geen betere moeder wensen.

In het verleden heeft José heel veel jaren als boekhoudster gewerkt en nadien als zelfstandig accountant. Ze was niet alleen intelligent, maar was ook heel sportief aangelegd. Ze hield vooral van zwemmen en fietsen, liefst trips van vijftig kilometer ☺. Buiten sportieve activiteiten verkoos ze als ontspanning dansen, waarbij ze zich flink kon laten gaan. Ook heeft ze met haar echtgenoot en zoon heel veel reizen gemaakt. Haar voorkeur ging vooral uit naar de Canarische Eilanden en ook de zee. Ze hield ontzettend veel van water, zon en wind.

Een dertigtal jaar geleden werd er bij José het syndroom van Sjögren vastgesteld, toen nog een zeldzame ziekte. Dat is een auto-immuunziekte die niet tot één orgaan beperkt blijft. Het is een chronische ontsteking van de traan- en speekselklieren. Dat betekent dat men last krijgt van onder andere droge ogen, mond en ook meer algemene klachten zoals vermoeidheid en gewrichtspijnen. Deze aandoening leidde bij haar vaak ook tot een langdurig herstel na een ziekte, zelfs bij relatief lichte gezondheidsproblemen zoals een verkoudheid. Aangezien er geen remedie bestond voor dit syndroom hielden de dokters het voor bekeken, maar dat was zonder haar en haar echtgenoot gerekend. De keuze ging al heel snel uit naar alternatieve geneeskunde, omdat hun innerlijke kracht door hun levenservaringen aangesterkt is geweest, waardoor hun spirituele kennis en overtuiging is ontstaan! Tot ieders grote verbazing heeft José haar ziekte heel sterk onder controle gekregen dankzij het geloof in en ook de hulp van de alternatieve geneeskunde, wat dokters voor onmogelijk hielden. Iedereen was geschrokken, behalve de mensen die haar goed kenden en haar innerlijke kracht nooit hebben onderschat! Veel jaren heeft ze nog ten dienste kunnen staan van haar gezin, wat voor haar het allerbelangrijkste was, en dat maakte haar gelukkig!

De laatste zes jaar begon José steeds vaker gezondheidsproblemen te krijgen, waardoor haar lichaam het steeds minder toeliet om nog te kunnen zwemmen, fietsen of dansen. Uiteindelijk moest ze die recreatieve activiteiten ook helemaal stopzetten. Gelukkig kreeg ze heel veel steun, niet alleen van haar echtgenoot Michel en zoon Guy, maar ook van de mensen die ze had leren kennen in Residentie Romanza, een centrum voor welzijnszorg, waar ze met hun tweetjes op een serviceflat woonden. Ze sloot met enkele bewoners, gelijkgestemde zielen ☺ vriendschap. Residentie Romanza was ook een plek waar José bewust voor gekozen had om er hun laatste jaren samen te kunnen doorbrengen. Gelukkig had ze ook betere momenten op gezondheidsgebied, zodat ze samen toch nog heel veel hebben kunnen genieten van hun verblijf.

Al verscheidene jaren nam José regelmatig contact met mij op en heb ik haar achteruitgang ook meegemaakt. Zelfs in moeilijkere periodes bleef ze nog altijd stralen, dat was haar innerlijke kracht, want opgeven kende ze niet, dat stond niet in haar woordenboek ☺! Ze gaf mij meermaals het gevoel dat ik een sterke steun en toeverlaat was voor haar, vooral tijdens momenten van grotere uitdagingen in haar leven. Haar glimlach verdween nooit van haar gezicht, al had ze weleens pijn, ze trachtte zich steeds moedig te houden.

In de lente van 2010 werd er kanker vastgesteld, het was terminaal. Moedig als José altijd was, nam ze de touwtjes in handen en begon ze alles te plannen, want organiseren was haar tweede natuur. Haar grootste zorg ging vooral naar haar echtgenoot en zoon. Op de een of andere manier wilde ze hebben dat haar echtgenoot en zoon op een dag opnieuw innerlijk écht gelukkig zouden zijn! Het mooiste gebaar was dat haar echtgenoot Michel had beslist om zijn vrouwtje thuis te verzorgen, zo lang het mogelijk was. Dag en nacht heeft hij dat met heel veel liefde en toewijding gedaan. Het is een opdracht, een opgave die niemand mag onderschatten, want het is gemakkelijker gezegd dan gedaan. Je moet het uiteindelijk niet alleen lichamelijk, maar ook geestelijk aankunnen!

Alvorens er geen andere uitweg meer was dan het ziekenhuis, belde Michel mij op om te vragen hoe ik de gezondheidssituatie van zijn vrouwtje zag verlopen gedurende het hele ziekteproces. Ik weet nog dat ik hem in detail vertelde waarop hij zoal moest letten, dat hij die liefdevolle verzorging niet kon blijven volhouden en dat hij best hulp mocht inroepen. Ik vertelde hem in alle eerlijkheid dat zijn vrouwtje José een soort van verstikkingsgevoel zou ervaren en hoe ze dat negatieve gevoel konden voorkomen. De enige en ook beste hulp was dat zij op tijd een zwaardere verdoving zou krijgen, die zou haar helpen om het stoffelijk lichaam sneller te kunnen verlaten, anders zou het proces veel te pijnlijk worden. Uiteindelijk dragen de nabestaanden ook de laatste herinneringen mee, dus waarom geen handje toesteken om het proces draaglijker te maken als dat in de mogelijkheid ligt? Het is een hulpmiddel dat vaak wordt toegepast en niet vergelijkbaar is met euthanasie! Alles wat ik aan de telefoon had verteld, was een bevestiging en ook verduidelijking van de dingen die hen nog te wachten stonden. Die dag heb ik José tweemaal aan de telefoon gehad. Eerst leek het alsof er niets aan de hand was, en zij begon afscheid van mij te nemen alsof ik haar morgen terug zou zien. Maar die tweede keer, toen ik eerst even Michel aan de lijn had, hoorde ze blijkbaar een groot stuk van ons gesprek. Toen ik haar dan aan de lijn kreeg, werd ze plotseling heel emotioneel en besefte ik dat mijn informatie op een onverwachte manier bij haar was doorgedrongen. Ik wist ergens dat het een reden had, en dat het hoogstwaarschijnlijk nodig was zodat ik tot haar ziel kon doordringen, om haar dan ook beter op afstand te kunnen helpen, zodat alles snel en heel sereen zou verlopen. José besliste ook om in die enkele dagen telefonisch afscheid te nemen van diegenen die haar nog na aan het hart lagen.

Het heeft niet lang geduurd vooraleer José ook bewust besliste om zich te laten opnemen op de dienst palliatieve zorg van het ZNA Middelheim, ondanks dat dit een extra zware beproeving was voor haar, Michel en Guy. Haar echtgenoot en zoon hebben tot de laatste minuut aan haar zijde gestaan. De medische staf van de afdeling bezorgde haar en ook haar familie een gouden geschenk door de prima verzorging en bijstand die ze hebben verleend tijdens die bijzonder moeilijke periode in hun leven. Ook hebben Michel en Guy mij extra bedankt voor de steun waarop José altijd mocht rekenen en de verschillende contacten die ik met haar heb gehad. Michel voegde er nog aan toe: 'Jouw eerste boek, *Boodschappen van gene zijde*, heeft José altijd bij zich gehad en hieruit heeft ze de nodige kracht kunnen halen om nog een laatste mooie reis te kunnen maken, de uiteindelijke overgang naar gene zijde! Heel sereen heeft ze het aardse bestaan kunnen verlaten naar een plaats waar we ooit allemaal terecht zullen komen!'

José heeft zelfs voor haar overlijden nog enkele vertrouwelijke gesprekken gehad met een aantal vriendinnen die ze had ontmoet in Residentie Romanza. Het was haar manier om op voorhand een aantal dingen te regelen omtrent de verdere levensloop van haar echtgenoot en zoon. Dit was heel typerend voor haar en sommige raadgevingen, zoals een duurzame en bijzondere vriendschap onderhouden, zijn daar nadien nog verstevigd uit ontstaan. Ze had alles heel goed gepland en een aantal dingen verliepen ook zoals ze had uitgestippeld. Enkele raadgevingen van haar bleken zelfs heilzaam te zijn bij de rouwverwerking. Michel en Guy zijn haar ontzettend dankbaar voor alles wat ze voor hen heeft gedaan, zelfs tot het laatste bittere moment. Ondanks dat die voorbereidingen het afscheid nog meer verzwaarden, gaven ze haar een bijzondere kracht die het loslaten van het aardse bestaan iets vereenvoudigde, waardoor ze er innerlijk écht vrede mee kon nemen.

Haar achtergebleven echtgenoot Michel en liefdevolle zoon Guy trachten het grote verlies een plaats te geven in hun hart. Wat José haar wens was, is voor beiden een streefdoel geworden! Ze willen ervoor zorgen dat José vanuit gene zijde een knipoogje kan geven, zodat ze allebei het innerlijke gevoel van haar ziel kunnen ontvangen die zegt: 'Goed gedaan jongens, wat ben ik trots op mijn mannen ☺!' Ondanks alle positieve herinneringen die ze altijd aan haar zullen blijven koesteren, trachten ze ook opnieuw het geluk in handen te nemen door onder andere nieuwe wegen in te slaan, zodat er weer mooie herinneringen kunnen ontstaan!

Een goed begin dat ze alvast hebben gemaakt, is dat ze alle herinneringen aan José nooit zullen verdringen. Integendeel, haar echtgenoot Michel en zoon Guy bezochten verschillende plaatsen waar ze in het verleden met hun drieën samen ontzettend mooie momenten hebben beleefd tijdens recreatieve excursies. Op spiritueel gebied en diep in hun hart voelen ze haar krachtige aanwezigheid, alsof zij over hen waakt en overal met hen meereist!

José Bogaerts stierf op haar tweeënzeventig jaar.

† José wenst dat alle mensen meer leren genieten van het leven.

Naomi's reactie:
Ik ben blij dat ik deze bijzondere en krachtige vrouw heb mogen leren kennen via Michel. José was een nuchtere

vrouw die met beide benen goed op de grond stond. Zij kon genieten van de kleine dingen in het leven, daarom is ze ook een goed voorbeeld voor veel mensen die te veel nadenken over het leven en uiteindelijk weinig of niets ondernemen. Ondanks dat ze het heel moeilijk had met haar gezondheid heb ik haar nooit weten klagen. Integendeel, ze stond steeds paraat voor haar echtgenoot en zoon, want dat was haar grootste prioriteit. Meermaals heb ik met haar fijne en diepgaande gesprekken gehad. De innerlijke kracht die ze uitstraalde, maakte duidelijk dat er voor haar ergere dingen waren in het leven om zich zorgen over te maken. Lieve José, ik weet zeker dat je als een moederkloek waakt over diegenen die je liefhebt, en dat je je energie kunt laten voelen die ervoor zorgt dat alles uiteindelijk in de plooi valt, zoals je het hebt gewenst! Vroeger bewonderde ik je moed en kracht toen je nog leefde, nu bewonder ik jouw prachtige energie die je meermaals laat voelen, waardoor anderen opnieuw innerlijk gelukkig kunnen worden!

Een bijzondere case uit het asiel:

Mirka, van verstoteling tot lieveling

Mirka, een Siberische husky van drie jaar met prachtige blauwe ogen, heeft zijn eerste drie levensjaren voornamelijk in een dierenasiel doorgebracht. De reden hiervan is dat deze reu een aangeboren afwijking had aan het uiteinde van zijn ruggengraat. Daardoor werd hij geboren met een heel kort staartje. Een husky heeft normaal een lange en goed behaarde staart die op een vossenstaart lijkt. Aangezien Mirka het helaas moest stellen met een heel kort staartje, bleef er gemakkelijk ontlasting in hangen. Daardoor werd hij meermaals, nadat hij een nieuw baasje had gevonden, teruggeplaatst in het asiel. Tot ik op een dag het tijdschrift *TV Familie* in handen kreeg en er Mirka zag in staan. Dat was in de periode toen ik nog met mijn echtgenoot Marc op een appartement woonde in Westmalle en we plannen hadden om te gaan bouwen in Zoersel. Daar stond Mirka, van achter de tralies keek hij met zijn kopje omhoog en kon je de blik in zijn ogen lezen die zei: 'Toe, neem me mee, ik zal heel braaf zijn.'

Ik dacht meteen: dat wordt mijn hond. Op dat moment kreeg ik plots door: 'Neen, dat wordt de hond van Franske, je spirituele vader. Die twee horen bij elkaar en hebben elkaar nodig.' Ik weet nog dat ik eventjes teleurgesteld was, omdat ik al een klein beetje mijn zinnen op hem had gezet. Maar als ik dan aan Franske dacht, wist ik meteen dat het goed zat en dat ik ook innerlijk te luisteren had naar de informatie die ik van gene zijde mocht ontvangen. Ondanks dat ze vroeger bij Franske thuis altijd katten hebben gehad, werd hij toch meteen verliefd op Mirka toen hij hem voor de eerste keer zag. Hij voelde een samenhorigheid, een klik, een verbondenheid, een vriend voor het leven!

Mirka werd diezelfde dag, op maandag 29 maart 1999 gekocht, toen we een kijkje zijn gaan nemen in het dierenasiel. Franske werd ook meteen verliefd op zijn prachtige snuitje en het gevoel dat Mirka hem innerlijk gaf van steeds verstoten geweest te zijn, overtuigde hem nog meer om voor deze hond te willen zorgen, om hem een goede en warme thuis te geven waar hij al zijn verdere levensjaren mocht slijten. Aangezien Franske zich in het leven ook altijd verstoten en onbegrepen heeft gevoeld, was dat iets wat deze twee met elkaar gemeen hadden en dat zorgde voor een bijzondere band!

Niet alleen was de aangeboren afwijking van Mirka een probleem, hij bleek ook serieus last te hebben van diarree, wat de verzorging zeker niet vergemakkelijkte. Toch had Franske er alles voor over om die hond echt gelukkig te maken, om hem een gevoel te kunnen geven dat hij voordien nooit heeft gehad, een echte thuis. Hij wilde dat Mirka nooit meer terug hoefde te gaan naar het dierenasiel omdat hij ontlasting verloor, waar dat beestje tenslotte niets aan kon doen!

Ik hielp Franske via mijn oergids Phoenix door onder andere de juiste voeding uit te zoeken en de juiste energetische behandelingen toepassen. Meermaals gaf ik Mirka ook een handoplegging, werkte ik op afstand met zijn foto en zorgde ik ervoor dat er ingestraalde kaartjes werden gebruikt, om onder andere aan zijn halsband te hangen en om zijn drinkwater mee in te stralen. Meer informatie over de werking van ingestraalde kaartjes kun je lezen op bladzijde 253. De combinatie van verschillende behandelingen heeft ervoor gezorgd dat Siberische husky Mirka een normaal leven kon leiden. Van zijn diarree geraakte hij verlost en ook het verlies van ontlasting kon beperkt worden doordat de haren van zijn staartje regelmatig werden bijgeknipt. Met dat korte staartje zou hij nooit kunnen kwispelen, tenminste, dat vertelden ons de mensen uit het dierenasiel. Het mooiste geschenk was toen Mirka plots met zijn staartje begon te kwispelen! We wisten niet wat we zagen, hij liet zijn dankbaarheid en vriendelijkheid zien door te kwispelen met zijn heel korte staartje, dat hij normaal nooit zou kunnen gebruiken. Deze middelgrote viervoeter veroverde niet alleen het hart van mij en mijn echtgenoot Marc, maar vooral dat van zijn baasje Franske, want hij kroonde hem al vanaf dag één van verstoteling tot grootste lieveling!

Mirka heeft tot ongeveer achtjarige leeftijd met zijn baasje in Deurne gewoond. Ondertussen woonde ik met mijn echtgenoot Marc in Zoersel, en hadden we ook een hond met de naam Sloefke (een beige labrador). Ondanks dat Mirka graag speelde maar ook van zijn rust hield, stoorde hij zich soms aan ons Sloefke, omdat die ontzettend druk kon doen als pup, waardoor Mirka het soms van hem op de zenuwen kreeg ☺. Toch kon hij ons Sloefke niet missen, want ondanks dat hij zich soms stoorde aan hem, hield hij hem telkens goed in het oog. Ze werden meteen de beste maatjes, vriendjes voor het leven! Het heeft een tijdje geduurd vooraleer Mirka er innerlijk volledig gerust op was dat hij nooit meer moest teruggaan naar het dierenasiel. In het begin had hij verlatingsangst, maar na een tijd ging die angst vanzelf weg; met veel geduld, liefde en een goede communicatie kreeg de hond van Franske innerlijk het volle vertrouwen dat hij voor altijd bij hem mocht blijven! Daarna verhuisden ze naar Zandhoven, wat voor Mirka een grote sprong voorwaarts was, aangezien hij eerst geen tuin had en plots een gigantisch grote tuin kreeg, hij was daar vanaf dag één in zijn nopjes ☺! In Zandhoven hebben ze vijf jaar gewoond, daarna verhuisden Franske en Mirka naar Zoersel, dichter bij ons en bijna om onze hoek ☺. Ook daar had hij nog een grote tuin, maar helaas heeft Mirka er maar twee jaar gewoond ☹.

Vanaf november 2010 begon de hond van Franske verschillende gezondheidsproblemen te krijgen. Zijn hart was inmiddels verzwakt en hij kreeg ook soms een storing in zijn hersenen, waardoor hij een lichte aanval kreeg en op de grond viel, maar daarna opnieuw opstond alsof er niets was gebeurd. Vanaf februari 2011 werd die storing in zijn hersenen erger, waardoor hij soms vreemd liep, alsof er een gedeelte van zijn lichaam naar links en een ander gedeelte naar rechts wilde gaan. Ook begon Mirka problemen te krijgen met zijn rechterschouder, waardoor hij soms moeilijkheden leek te hebben met zijn rechtervoorpoot. Het was soms heel erg om te zien, ondanks dat hij weinig of geen pijn had. Als medium communiceerde ik meermaals met Mirka, om te weten te komen of we uiteindelijk moesten ingrijpen. Mirka vertelde mij dat hij nog niet wilde gaan, dat zijn tijd nog niet was gekomen maar dat hij het mij zou laten weten.

Op dinsdag 8 maart 2011 vertelde Mirka mij dat hij de laatste dagen pijn leed en dat hij wilde gaan, hij was er klaar voor om het aardse bestaan te verlaten om naar de dierenhemel aan gene zijde te kunnen gaan. Sloefke, onze hond, was er ook bij en nam diezelfde dag al afscheid van zijn beste maatje. Op een bepaald moment leek het alsof Sloefke hem plotseling niet meer zag staan en als ik hem op Mirka attent maakte, werd hij echt bang van hem. De reden hiervan was dat Sloefke waarschijnlijk Mirka's dodengeur al kon ruiken. Ik bracht Franske en Marc op de hoogte van wat Mirka mij had verteld en regelde zijn laatste twee spuitjes en ook een crematie in Nederland, waar we in het verleden al meerdere dieren hebben laten cremeren. Alles werd gepland voor vrijdag 11 maart 2011. De dierenarts zou naar Franske thuis komen, zodat hij Mirka zijn laatste spuitjes kon geven in de tuin, waar hij het liefst en meest vertoefde! De dag voordien vroeg ik aan Franske om voor Mirka nog een laatste maaltijd klaar te maken die hij graag eet. Hij kreeg die dag een grote pot met onder andere een gekookt kipfiletje, worteltjes, melk, een rauw ei, meerdere koekjes en een beentje. Hij genoot van al die lekkernijen die hij niet dagelijks kreeg, omdat er meestal streng werd toegezien op zijn voeding en zijn snoepjes. Mirka wist en voelde ook dat zijn tijd bijna was gekomen, aangezien hij het zelf had gevraagd. We hadden een doos met het gepaste formaat voor Mirka klaargezet, en vreemd maar waar, hij ging eraan snuffelen en keek ons aan met een blik van: het is goed geweest, ik heb een héél mooi leven gehad!

Op vrijdag 11 maart 2011 in de vroege morgen heeft Mirka zijn spuitjes gekregen. Hij werd even bang, maar door de liefde die hij in zijn hart kon voelen van zijn baasje Franske, van mij en mijn echtgenoot Marc, werd hij ineens veel rustiger. Hij keek nog eventjes om zich heen, kreeg zijn eerste spuitje en alvorens ik het goed kon waarnemen, verliet zijn ziel het stoffelijk lichaam. Dat was voor mij een duidelijk bewijs dat hij echt helemaal op was! Hij kreeg zijn tweede spuitje als routine. Als medium werd ik al gerustgesteld dat zijn lichaam gecremeerd mocht worden, vooral omdat zijn ziel niet meer in het stoffelijk lichaam aanwezig was. Zijn ziel heeft een rechtstreekse verbinding kunnen maken met de dierenhemel aan gene zijde. Diezelfde dag is hij om 10u15 gecremeerd en uitgestrooid geweest in het Huisdieren- en Paardencrematorium, Buitendijk 101, NL-3078 XC Rotterdam, tel. +31 (0)10 483 33 85.

Siberische husky Mirka stierf op zijn vijftien jaar.

† Husky Mirka met zijn beste maatje, neef ☺ labrador Sloefke.

Naomi's reactie:

Mirka was een husky met een heel rijpe ziel en was een lief beestje met een goed karakter. Hij hield ervan om met mijn echtgenoot Marc en neef Sloefke grote wandelingen te maken, vooral toen hij nog in Deurne woonde, waar hij geen tuin had. Mirka heeft zijn goede leven vooral te danken aan zijn baasje Franske, die altijd heel goed voor hem heeft gezorgd, en zijn tijdige vaccinaties. Zonder Franske zou hij letterlijk en figuurlijk weggekwijnd zijn in het asiel, waar hij vermoedelijk ook een spuitje zou gekregen hebben omdat hij voor meerdere mensen zogenaamd een last was. Wat voor een ander zogenaamd een last was, was voor Franske het allermooiste geschenk dat hij voor zichzelf heeft kunnen kopen. De vriendschap en liefde die hij van Mirka heeft gekregen, is met niets anders te vergelijken en ook ontzettend waardevol. Die herinneringen kan niemand hem afnemen, die staan in zijn ziel gekerfd. Het is de kracht van zijn intuïtie die hem laat inzien dat er dingen zijn in het leven waar je heel veel kunt uit halen, als je op tijd leert genieten van wat je hebt! Lieve Mirka, dank je wel voor al jouw vriendschap en liefde en omdat je een heel goede neef geweest bent voor ons Sloefke, we zullen je nooit vergeten!

Mensen met verschillende creatieve gaven:

De gave van het tekenen

Op een dag ontmoette ik Ruby, een jonge getalenteerde vrouw van eenentwintig jaar. Ik leerde haar kennen via haar mama Nancy, die in een dierenwinkel werkte. Het begon allemaal in 2007, toen ik mijn engeltje, mijn dwerghangoorkonijntje Booke, heb moeten afgeven, het volledige verhaal kun je lezen in mijn eerste boek *Boodschappen van gene zijde.* Meermaals per week ging ik naar die dierenwinkel, zodat ik verschillende konijntjes kon vastnemen en knuffelen. Het was mijn manier van verwerking, ik koos voor de moeilijkste en emotioneelste weg en dat was de directe aanpak, de letterlijke confrontatie. Ik nam dan een konijntje vast en legde het tegen mij aan, sloot mijn ogen, nam de geur in mij op en streelde heel langzaam dat kleine wezentje, het bracht mij gevoelsmatig bij mijn overleden dwerghangoorkonijntje Booke. Dat gevoel was een hemelse gewaarwording, tot ik mijn ogen opendeed en in die harde realiteit van gemis en emoties terugkwam. Toch was dit de allerbeste therapie die ik op mezelf kon toepassen. Dankzij de medewerking van Nancy en ook de dierenwinkel kreeg ik op een onbewuste manier de juiste hulp die ik nodig had. Vanaf het eerste moment dat ik Nancy leerde kennen was er meteen een gevoel van herkenning en toen ik even later Ruby ontmoette, werd het mij allemaal nog duidelijker: deze twee mensen hun hart voor dieren zat net zoals mijn hart voor dieren op de juiste plaats!

Nancy en Ruby schrokken toen ze mij enkele maanden later plots op televisie zagen. Ze vonden het eigenlijk grappig dat ze mij niet alleen gewoon kenden, maar dat ik ook nog een bekende Vlaming bleek te zijn ☺. Gelukkig was ik voor hen nog steeds dezelfde persoon in hun hart en ogen, die puurheid maakte onze vriendschap nog sterker!

Het verhaal van Ruby, een vrouw met een missie

De relatie tussen Ruby en haar mama Nancy is in grote lijnen te vergelijken met de relatie die ik heb met mijn make. Moeder en dochter voelen elkaar ook enorm sterk aan. De band tussen hen is closer geworden door het verleden. Toen Ruby tien jaar was, zijn haar ouders uit elkaar gegaan. Haar vader was niet de gemakkelijkste persoon, maar toch hield Ruby ontzettend veel van hem. Door omstandigheden verbleef Ruby vaak bij haar moeke, de moeder van haar mama. Haar mama Nancy heeft heel veel jaren hard moeten werken om alle schulden die haar vader had gemaakt te kunnen afbetalen. Rond de leeftijd van achttien jaar heeft Ruby nog één keer en meteen een allerlaatste gesprek gehad met haar vader. Ze hoopte dat hij na al die jaren inzicht zou gekregen hebben, al was het maar dat hij kon zeggen dat hij werkelijk spijt had van bepaalde dingen uit het verleden. Hij hield het been stijf, hij bleef liegen en beweerde dat alle mensen die een andere mening over hem hadden volledig fout waren en dat hij heilig was omdat hij volgens zijn eigen beweringen nooit iets fout kon doen. Aangezien hij geen enkele van zijn fouten kon toegeven, was het voor Ruby duidelijk dat hij haar liever kwijt was dan rijk. Op dat moment leerde ze haar vader tot haar grote spijt nog beter kennen, maar dat maakte het gemis in al die kinderjaren niet minder erg.

Ruby herinnert zich uit haar kinderjaren dat het enorm pijn deed als ze zag hoe de band was tussen sommige kinderen en hun vaders. Het was een band waar zij alleen maar van kon dromen. Als ze dan terugblikt op het verleden, herinnert ze zich een aantal dingen die ze nooit nog zal vergeten: haar vader zat aan de drugs, was nooit thuis, at Chinees terwijl haar mama en de andere gezinsleden oudbakken boterhammen moesten eten, haar vader stal ook geld van hen enzovoort. Ze schaamde zich om zo'n vader te hebben.

Gelukkig waren er altijd twee heel belangrijke factoren in haar leven, waaraan ze zich tot de dag van vandaag nog steeds kan vasthouden. De eerste is de onverwoestbare band met haar mama. Niemand mag haar raken en ook omgekeerd niet, ze gaan voor elkaar door het vuur. Ook vindt Ruby van zichzelf dat ze soms een heel klein serpent kan zijn. Dat komt meestal omdat ze beiden dingen willen doen en ideeën hebben die jammer genoeg niet echt samengaan en dat brengt soms moeilijkheden met zich mee. Toch vindt Ruby dat ze het heel goed heeft onder moeders bezorgde paraplu ☺, ze zou haar voor geen geld willen ruilen. Beiden geven elkaar ook een schattig troetelnaampje, zo noemt de mama haar dochter *dottie* en de dochter haar mama *muttie* ☺. De tweede factor waaraan Ruby zich ook kan vasthouden is haar tekengave, die zich al begon te ontwikkelen op jonge leeftijd. In het begin waren het tekeningen buiten de lijntjes, maar enkele jaren later werden het al snel kleine kunstwerkjes. Rond haar zestiende is ze er ook verder proberen in te gaan door op zaterdag lessen te volgen op de academie. Van haar zeventiende tot haar negentiende volgde ze een opleiding glas in lood in de avondschool, wat ze ontzettend tof vond om te mogen doen. Op negentienjarige leeftijd is Ruby naar de kunsthumaniora gegaan, waar ze het zevende jaar begeleidende beeldende vorming heeft gevolgd.

Tot slot is Ruby er ook van overtuigd dat de breuk met haar vader haar innerlijk sterker heeft gemaakt. Een belangrijke les die ze geleerd heeft is dat ze niemand zomaar blindelings mag vertrouwen en volgen. Ze weet ondertussen dat ze moet oppassen vooraleer ze kan zeggen: jou wil ik in mijn leven als goede vriend(in). Dat wil niet zeggen dat ze negatief ingesteld is, maar dat ze goed beseft dat er moeite moet gedaan worden in beide richtingen en er ook tijd moet over gaan vooraleer ze kan zeggen: jij bent mijn goede vriend(in) op wie ik kan rekenen.

In de nabije toekomst hoopt Ruby vooral geslaagd te zijn voor het toelatingsexamen grafische vormgeving en dat er iemand interessant haar pad kruist ☺. In de verre toekomst hoopt ze vooral gelukkig te zijn. Haar missie is veel mensen en dieren leren kennen en kunnen helpen, iets van de wereld zien en ook verder kunnen blijven tekenen, in de hoop dat ze er nog beter in wordt.

Ruby Eggers, geboren op 18-11-1989 te Wilrijk.

Naomi's reactie:
Mensen met een hart voor dieren zijn altijd heel bijzondere mensen. Het is ook geen toeval dat de band tussen mij, Nancy en Ruby sterk is. Het is een vriendschap waarvan ik hoop dat die eeuwig mag blijven duren. Het is zeker niet de bedoeling dat we elkaars deur platlopen. Vriendschap voel je in je hart en heeft niets met werkelijk contact of afstand te maken. Ruby heeft werkelijk een bijzondere en mooie gave waarvan ik weet dat die zich nog sterker zal ontwikke-

len, ook haar vertrouwen in zichzelf. Ze heeft mij écht ontroerd met haar tekeningen, die je in het volgende hoofdstuk kunt bewonderen. Lees eerst de tekst, zodat je de puzzel van de tekeningen, betreft de kracht erachter kunt maken. Proficiat Ruby, zo jong en zo getalenteerd, bedankt voor je inzet en je prachtige tekeningen die ik voor altijd zal koesteren!

Mensen met verschillende creatieve gaven:

De positieve ontroering achter tekeningen

Tekenen is iets wat Ruby gevoelsmatig doet. Soms tekent ze iets wat ze bewust in haar hoofd heeft en soms laat ze zich spontaan volledig leiden en gebeurt het dat er een kleine droedel of iets in die aard ontstaat. Op het moment dat ze bezig is met tekenen zit ze er diep in en er met haar neus vlak tegen. Zo heeft ze het het liefst, ze ziet dan dingen die ze anders niet ziet als ze gestopt is met tekenen, zoals vlakken en lijnen die groter, scherper en levendiger worden. Tijdens het tekenen heeft ze het gevoel dat ze in een soort trance gaat, een schemertoestand van de geest. De wereld rondom haar is er dan ogenschijnlijk niet meer, zij is alleen versus het lege vel dat gevuld moet worden. Tekenen geeft haar iedere keer opnieuw een gelukzalig gevoel.

Als de tekening helemaal klaar is, heeft Ruby altijd een mix van gevoelens. Enerzijds is ze enorm trots op wat ze getekend heeft en anderzijds is ze heel onzeker, ze vraagt zich dan af wat anderen zullen vinden. Of de tekening nu ontstaan is uit haar eigen idee of in opdracht van iemand anders, ze zal er altijd iets van zichzelf in leggen.

Het liefst tekent Ruby ook modellen, niet om het mannelijk of vrouwelijk naakt ☺, maar gewoon omdat ze de lijnen van een lichaam heel tof vindt om te tekenen. Wat betreft tekenmateriaal gaat haar voorkeur vooral uit naar pastel, houtskool en het gewone potlood. Eigenlijk spullen waar ze het vuilst mee wordt. Het formaat waarop ze tekent maakt niet uit, hoe groter, hoe meer ze zich natuurlijk kan bewegen en uitleven ☺.

Naomi's tip:
Persoonlijk vind ik dat Ruby het mooist tekent met een gewoon potlood. Ze heeft die verfijning die ze *perfect* in een tekening kan brengen! Bewonder haar volgende drie werken waar ik supertrots op ben en die ik ook alle drie een bijzondere titel heb gegeven: ***Eénheid tussen dolfijnen / Krachtige samensmelting / Van Booke tot Shakira***

Wens je ook een tekening door *Ruby Eggers* te laten maken? Neem dan tussen 18 en 20 uur telefonisch contact op via het gsm-nummer +32 (0)494 22 02 58. Om nog meer ideeën van haar werk te krijgen, kun je op Facebook onder haar naam nog meerdere werken bewonderen!

Eénheid tussen dolfijnen: het is een prachtig tafereel om te zien. De kracht waar deze dieren over beschikken en die ze ook uitstralen is wonderbaarlijk. Soms vraag je je af hoe het mogelijk is dat sommige mensen deze dieren iets kunnen aandoen. Ieder dier is uniek, een levend wezen waar ieder mens zorg voor zou moeten dragen alsof het je eigen kind is!

Krachtige samensmelting: de hartstochtelijke passie tussen twee mensen, de yin en yang. Het is belangrijk om tijd te maken voor je kostbare relatie, zodat de samensmelting tussen beiden duidelijk voelbaar is. Veel mensen dromen hiervan, maar eens ze het hebben onderhouden ze het niet, ze vinden het te vanzelfsprekend, zodat het niet bijzonder kan zijn!

Van Booke tot Shakira: de prachtige reïncarnatie van mijn overleden dwerghangoorkonijntje Booke. Die blik in de ogen van Booke en mijn paard Shakira is werkelijk identiek. De ziel die teruggekomen is op aarde om opnieuw bij mij te kunnen zijn, geeft me een gelukkig en krachtig gevoel. Ik heb mijn engeltje terug, het is niet voor niets, mijn engeltje ☺!

Mensen met verschillende creatieve gaven:

De gave van het schilderen

Op een zondag in 2002 kwam ik op een spirituele beurs in Roeselare, waar ik een voordracht moest geven, een heel bijzondere intuïtieve vrouw tegen. Enkele maanden later kwam ze bij mij voor het allereerst op consultatie voor een persoonlijke analyse over de toekomst. In 2009 besliste ze ook om de cursus Zesde Zintuig Ontwikkeling bij mij te volgen. Ze keek er al vele jaren naar uit om die eindelijk te kunnen volgen. Als alleenstaande moeder was het eerder financieel niet haalbaar om die cursus te kunnen volgen. Bovendien had ze nog af te rekenen met een zwaar en heel emotioneel verleden, dat haar lange tijd heeft achtervolgd en macht over haar heeft gehad. Haar doel was om door het volgen van de cursus Zesde Zintuig Ontwikkeling vooral innerlijk sterker te worden en te weten te komen wie ze innerlijk was, welke gaven er eventueel in haar aanwezig waren en op welke manier ze die positief kon benutten, zonder lichamelijk of geestelijk onderuit te gaan. Ze had in het verleden op spiritueel gebied al heel wat meegemaakt, dingen waar je niet zomaar met iedereen over kunt praten.

Toen ze bij mij de cursus had gevolgd, kwam ze onder andere te weten dat ze iemand was die heel spiritueel aangelegd was, maar dat ze nog steeds voor zichzelf moest leren opkomen en dat het tijd werd dat ze innerlijk meer zelfvertrouwen kreeg. Dat kon ze vooral doen door de creativiteit die in haar sterk aanwezig was, op gebied van onder andere schilderen, echt te benutten, al was het maar voor zichzelf of voor andere mensen die ervoor openstonden. Daardoor zou ze zichzelf veel meer leren accepteren en ook beseffen dat ze haar gaven niet als vanzelfsprekend mocht nemen. Haar handchakra's waren zo goed ontwikkeld dat ze ook foto's en voorwerpen heel goed kon aanvoelen. Ook de gave van helderziendheid was in haar aanwezig, maar kon nog beter ontwikkeld worden eens ze innerlijk meer zelfvertrouwen zou krijgen. Ondanks wat ze allemaal te horen kreeg, had ze moeilijkheden met het besef dat ze spiritueel heel begaafd was. De reden daarvoor was dat in het verleden andere mensen haar meermaals hadden bestempeld als eerder abnormaal dan paranormaal.

Ik had haar ook verteld dat ze een vrouwelijke oergids had van eenendertig jaar, afkomstig uit Zweden en met de naam Kolina, en erbij vermeld dat haar oergids iets engelachtigs en beweeglijks in zich had. Later werd het mij pas duidelijk waarom ik dat engelachtige en beweeglijke van haar oergids had doorgekregen. Ik kan je vertellen dat deze heel bijzondere, intuïtieve vrouw Nicole heet en dat ze ondertussen zesenveertig jaar is. Deze vrouw heeft mij met mijn mond vol tanden gezet, iets wat niet gemakkelijk gebeurt ☺. Het is een merkwaardige vrouw met een zacht, eerlijk en zuiver karakter. Toen ik haar voor de eerste keer zag, wist ik meteen dat ze iets héél bijzonders en krachtigs had. Als je ziet wat voor een creativiteit zij kan tentoonspreiden, vergeet je het aardse bestaan en leef je werkelijk in een sprookje, een avontuur ☺.

Het verhaal van Nicole, de kracht achter verdriet

Nicole was het middelste kind uit een gezin van drie. Ze had een jongere broer en nog een oudere zus. De kinderen hebben allemaal een warme thuis gehad, ondanks dat hun moeder vrij streng was en hun vader helaas altijd ziek was. Hij moest op dertigjarige leeftijd een kwaadaardige hersentumor laten verwijderen, waardoor hij nadien met zijn gezondheid is blijven sukkelen. De kinderen kunnen stellen dat ze allemaal een normale en goede jeugd hebben gehad.

Als jong meisje droomde Nicole ervan om later professioneel kunstschaatsster te worden. Het ging haar niet echt om het kunstschaatsen zelf, maar eerder om die prachtige glitterjurkjes waarvan ze oneindig wegdroomde ☺. Uiteindelijk heeft ze snit en naad gevolgd, dan gezinshulp, en daarna ging ze voor een driejarige opleiding psychiatrisch verpleegkundige. Helaas heeft ze die opleiding beëindigd net twee maanden voor het einde van het tweede jaar, waardoor ze helaas ook geen psychiatrisch verpleegkundig assistent kon worden, omdat ze daarvoor exact twee jaar opleiding moest gevolgd hebben. In die periode werd alles haar plots te veel, de druk van een relatie die al een tijdje aansleepte begon steeds meer zijn tol te eisen, en van de buitenwereld kreeg ze steun noch respect.

Nicole heeft gedurende twintig jaar in een huwelijk gezeten waarin ze het grootste deel van de tijd zichzelf niet kon zijn. Voor heel veel dingen stond ze alleen, kreeg ze weinig of geen hulp en communicatie was er niet. Het enige wat positief was, waren haar kinderen die uit dit huwelijk zijn voortgekomen. Ze heeft twee kinderen, een zoon en een dochter, van wie ze zielsveel houdt, haar kinderen komen ook op de eerste plaats. Haar ex-man, met wie ze twintig jaar gehuwd is geweest, was soms agressief, had losse handjes en kon ook heel dominant zijn. Soms voelde Nicole zich gevangen, waardoor zich lichamelijk en geestelijk problemen begonnen te ontwikkelen.

Na haar scheiding heeft Nicole nog andere relaties gehad, maar helaas trok zij steeds opnieuw verkeerde mannen aan die agressief waren of kampten met een verslaving of psychische problemen. Haar zelfvertrouwen kreeg steeds meer deuken. Ze moest zich meermaals gedwongen laten opnemen in een psychiatrische instelling, waar ze bij de zwaarder zieke patiënten terechtkwam. Ondanks dat ze normaal toch een vrij sterke persoonlijkheid had, verdween haar sterkte, haar kracht nog meer door onder andere de emoties, de agressie en de verslavingen van andere patiënten die er veel erger aan toe waren dan zijzelf. Dat komt omdat iemand die spiritueel begaafd is, in een psychiatrische instelling sneller zal *flippen* dan iemand die niet spiritueel begaafd is! De medicatie die de patiënten krijgen heeft namelijk een veel grotere uitwerking op begaafde dan op niet-begaafde mensen! Het is heel erg om te weten dat sommige mensen die geplaatst zijn er niet op hun plaats zitten en soms alleen maar goede communicatie en een arm om zich heen nodig hebben. Ze hebben dan vooral iemand nodig die ze kunnen vertrouwen, die hen leert omgaan met het leven en alles wat erbij hoort, zonder in een hokje gestopt te worden, een nummer te zijn en volgepropt te worden met medicijnen met mogelijke nevenwerkingen!

Nicole heeft langdurig met verschillende vormen van depressie gekampt. Ze kreeg te maken met heel veel angsten die uit het niets kwamen opduiken. Meermaals is ze opgenomen geweest, waar ze geen aangename herinneringen aan heeft, omdat ze innerlijk wist en ook aanvoelde dat die opnames voor haar niet de juiste hulp waren die zij echt nodig had. Ze was soms bang dat ze gek zou worden als ze langer moest blijven dan voorzien was. Aangezien zij paranormaal begaafd is, werd die psychiatrische instelling haar bijna fataal. Ze kreeg in het verleden al informatie door en ook beelden te zien, die door de medicatie in die psychiatrische instelling nog meer werden geactiveerd, nog meer werden verscherpt!

Gelukkig heeft Nicole op een bepaald moment controle gekregen over haar lichaam en geest, waardoor ze een streep heeft kunnen trekken onder die psychiatrische instelling. Ze is blij dat haar twee kinderen haar altijd zijn blijven steunen. Ze hoopt voor de toekomst dat ze nooit meer zal hervallen en dat ze nog meer karakter zal krijgen, waardoor haar innerlijke stabiliteit nog sterker voelbaar zal worden. Ze hoopt ook op een dag een goede partner tegen te komen die om haar geeft om wie ze innerlijk is, haar respecteert, van het leven kan genieten en houdt van lange gesprekken ☺. Een goede vriendin zou ook al tof zijn, iemand met wie ze op vakantie kan gaan, want haar kinderen voelen zich ondertussen te groot om met mama mee te gaan ☺.

Nicole Deceuninck, geboren op 10-09-1964 te Roeselare.

Naomi's reactie:
Het mooiste aan Nicole is haar puurheid, de zuiverheid die van haar afstraalt. Ze heeft een ongelooflijke gave voor schilderen, zonder dat ze een echte opleiding heeft gevolgd, het is verbazingwekkend. Ze mag zich absoluut niet minder-

waardig voelen, want ze heeft meer in zich dan de meeste mensen hebben. Ze moet leren zich veel minder van andere mensen aan te trekken, en zich meer bezig te houden met mensen die om haar geven om wie ze werkelijk is! De kracht achter haar verdriet is de gave van het schilderen, die zich heeft ontwikkeld op een bijzondere en krachtige manier. In het volgende hoofdstuk wordt het geheim ontsluierd en kun je haar prachtige schilderijen bewonderen, je zult moeten toegeven dat die iets magisch uitstralen! Bedankt Nicole, voor die prachtige, unieke schilderijen! ***Tot slot:*** Nicole, als jij abnormaal bent, met de gaven waarvan ik honderd procent weet dat die in jouw aanwezig zijn, dan ben ik ook abnormaal en zijn we dus al met twee ☺!

Mensen met verschillende creatieve gaven:

De geweldige kracht achter schilderwerken

Toen Nicole controle kreeg over haar lichaam en geest, is ze interesse gaan tonen in alles wat met creativiteit te maken had. Na die heel moeilijke periode in haar leven heeft ze achttien maanden beeldende vorming gevolgd, zonder voordien een kunstopleiding of iets in die aard gehad te hebben. Ze zette de stap in die ongekende wereld van creativiteit en moest uiteindelijk innerlijk toegeven, naar aanleiding van de positieve reacties van mensen, dat onder andere haar schilderijen meer dan gewoon goed waren. In die periode van achttien maanden ontwikkelde haar creativiteit zich figuurlijk als *Speedy Gonzales*, niet de snelste muis van Mexico maar die van België ☺. ***Tot slot:*** mensen die niet beschikken over de gave van creativiteit, zouden nooit kunnen verwezenlijken wat Nicole heeft verwezenlijkt op die korte periode dat ze beeldende vorming heeft gevolgd, ook niet als ze er langer over gedaan zouden hebben. In haar schilderijen zie je ook een bepaalde magische uitstraling die moeilijk in aardse termen uit te drukken is. Het is een soort van hemelse magie waarin je meegenomen wordt.

Het is dan ook geen toeval dat de oergids van Nicole iets engelachtigs en beweeglijks in zich heeft, als je ziet onder welke begeleiding zij haar creativiteit kan verwezenlijken. Ze ervaart het gevoel dat ze helemaal tot rust komt en zich ontspant als ze creatief bezig kan zijn. Ook het gevoel nuttig te zijn, iets wat ze in haar verleden nooit ervaren heeft! Dat positieve gevoel stimuleert haar zelfvertrouwen, haar zelfbeeld.

Ook al ontvangt ze veel positieve reacties van mensen, ze blijft zichzelf in alle pracht en eenvoud. Soms twijfelt ze of ze het wel goed genoeg gedaan heeft en begint ze zich allerlei vragen te stellen, maar waarschijnlijk is dat ook de aard van het beestje ☺. Het geheim achter Nicoles innerlijke kracht, is de gave van creativiteit die zij heeft in alle pracht!

Naomi's tip:
Nicole is heel spiritueel aangelegd en kan intuïtief een schilderij tot leven brengen! Ze heeft magie in haar handen en kan met ieder penseel wonderen verrichten. Een afbeelding van wat je wenst, kan een hulpmiddel zijn om je verlangen vast te leggen. Soms kunnen kleine afbeeldingen gebruikt worden om daarvan een groot geheel te maken. Bewonder de volgende drie grote werken, waar ik de eerste keer heel lang naar heb zitten kijken omdat het gevoel mij meenam in een ontspannen en specifieke sfeer. De schilderijen hebben in werkelijkheid een afmeting van 360 cm op 220 cm en als thema sfeer: ***Jungle* – *Beach* – *Winter*.**

Wens je ook een schilderij door Nicole Deceuninck te laten maken? Neem dan telefonisch contact op via het gsm-nummer +32 (0)499 28 95 08.

Paneelschildering ****** thema Jungle ******

Paneelschildering ****** thema Beach ******

Paneelschildering **** thema Winter ****

Mensen met verschillende creatieve gaven:

De gave van juwelen ontwerpen

Sommigen weten al van jongs af aan wat ze later als beroep willen doen, maar er zijn er ook die de wens van de ouders, met veel zin of tegenzin, trouw volgen. Daardoor kan het gebeuren dat het intense gevoel en genot van een gave zich ook later ontwikkelt. Sommigen moeten eerst een ander beroep kunnen doen vooraleer het duidelijk is dat ze een andere roeping hebben waarvoor ze eigenlijk in de wieg zijn gelegd ☺.

Op een dag ontmoette ik bij mij in de praktijk Luc, een man van zestig jaar, nadat hij mij twee keer bezig had gezien op een spirituele beurs. Ik weet nog dat ik tegen hem had gezegd dat hij een echte snoeper was, figuurlijk gezien ☺. Hij moest erom lachen en bevestigde het met blozende wangen. Laten we zeggen dat Luc een grote levensgenieter is die van het leven houdt maar ook van zijn vrijheid. Ik voelde vanaf de eerste keer dat hij iemand was die de gave van creativiteit duidelijk in zijn handen had. Hij vertelde dat hij goudsmid was, zowel in de verkoop als herstellingen en het ontwerpen van juwelen. Op dat moment kreeg ik een heel bijzondere ingeving: hij zou mij weleens kunnen helpen mijn droom, die ik al zeker drie jaar had, waar te maken. Het was net alsof ik zo'n klein rood lichtje zag branden zoals bij het gezelschapsspel *Dokter Bibber* ☺. Ik zou hem bij de neus nemen, maar op een positieve manier, zodat ik hem over mijn wens zou vertellen, met natuurlijke de belangrijke vraag erachter...

Hoewel Luc er als jonge knaap ooit van droomde om beroepshalve op zee te kunnen gaan, was ik eerlijk gezegd blij dat hij met zijn voeten aan wal is gebleven. Niet alleen om mijn droom te kunnen waarmaken, maar vooral omdat die bijzondere gave van creativiteit niet voor niets in zijn handen aanwezig was, waardoor hij de kracht van zijn intuïtie heeft kunnen ontdekken!

Het verhaal van Luc, de wens van zijn ouders

Zijn ouders hebben lange tijd drie juwelierszaken gehad, die gevestigd waren in Mol, Sint-Niklaas en Herentals. Toen Luc afgestudeerd was als goudsmid, heeft hij op vraag van zijn ouders de zaak in Herentals overgenomen. Het was dan ook de wens van zijn ouders dat hij goudsmid zou worden.

Nochtans was hij pas drieëntwintig jaar toen hij de zaak heeft overgenomen. Dat komt omdat hij eerst nog een jaar een opleiding heeft gevolgd om huisschilder te worden. Toen hij dan huisschilder werd, heeft hij dat beroep ongeveer twee jaar volgehouden. Het voordeel van dit beroep was dat hij veel sociale contacten had, aangezien hij op verschillende plaatsen bij mensen thuis kwam. In het begin vond hij het schilderen tof om te doen, maar na een tijdje werd het hem echt duidelijk dat het toch niet iets was wat hij zijn leven lang wilde doen. Aangezien zijn ouders meermaals zeiden dat hij mee in de goudsmederij kon komen, heeft hij op een gegeven moment die roeping ook innerlijk echt gevoeld. Het kriebelde namelijk meer dan eens in zijn handen om zijn creativiteit in juwelen te kunnen loslaten ☺.

De zaak in Herentals heeft Luc een zeventiental jaar uitgebaat. Nadien besloot hij om geen winkel meer te openen, maar een woonst met atelier te hebben, zodat hij nog altijd zijn roeping kon uitoefenen. Uiteindelijk vond hij een woonst met atelier in Antwerpen, waar hij vier jaar heeft gewoond en gewerkt. Luc was gehuwd en had ook twee dochters, maar helaas strandde dat huwelijk.

Nadien leerde hij Greet kennen, met wie hij ondertussen al achttien jaar samen is. Ze wonen in Lier in een groot duplexhuis, waar hij gelukkig opnieuw een atelier heeft ☺. De wens van zijn ouders is hem duidelijk blijven achtervolgen, want tot de dag van vandaag doet hij nog steeds in juwelen.

Luc heeft op zeventienjarige leeftijd ook een bijna-doodervaring gehad. Hij heeft een zwaar ongeluk gehad met zijn bromfiets. Op een namiddag in de vakantie werd hij door een vrachtwagen aangereden. Hij heeft zes maanden in het ziekenhuis gelegen, waarvan een week in coma. Hij had een heel zware hersenschudding, zijn voet was gebroken en zijn bekken was op enkele plaatsen gescheurd en gebroken, waardoor hij die zes maanden in het ziekenhuis in een soort van hangmat moest liggen om zijn bekken weer goed te kunnen krijgen. Nadien heeft hij een lange revalidatie gehad en moest hij opnieuw leren lopen.

Door het ongeval heeft Luc de tunnel van het witte licht gezien, omdat hij letterlijk tussen leven en dood heeft gehangen. Daardoor heeft hij ook zijn innerlijke kracht ontdekt die hem er heeft door gehaald en ook laten inzien, dat het leven iets heel kostbaars is, dat het een geschenk is om iedere dag niet alleen te mogen ademen, maar ook te kunnen functioneren! Zijn grote wens is om nog lang met de goudsmederij bezig te kunnen zijn. Hij droomt ervan om ooit nog eigen tentoonstellingen te kunnen organiseren.

Luc Vos, geboren op 09-02-1951 te Meerhout.

Naomi's reactie:
Als je Luc ziet zie je een beer van een vent, maar als je hem innerlijk aanvoelt, voel je dat hij een heel gevoelige persoon is die lange tijd geleden naar zichzelf op zoek is gegaan en zichzelf uiteindelijk is tegengekomen, ook dankzij de lange relatie die hij al heeft met Greet. Ik wist echt meteen dat hij bijna vanuit het niets iets heel moois kon ontwerpen. Uiteraard zijn er nog mensen die ook goudsmid zijn en juwelen verkopen, herstellen en ontwerpen. Maar toen ik innerlijke *research* deed, voelde ik en wist ik ook honderd procent dat hij de geknipte persoon was om de droom die ik had tot een goed en mooi realiseerbaar einde te kunnen brengen. Het feit dat hij in het verleden de tunnel van het witte licht heeft gezien, maakt duidelijk dat hij van gene zijde een bewijs heeft gekregen dat er meer bestaat tussen hemel en aarde. Niet iedereen krijgt dat te zien als hij aan een *zijden draadje hangt*, ondanks dat het mogelijk is dat sommigen het gezien hebben, maar zich achteraf niets meer kunnen herinneren. Via deze weg wil ik Luc nog bedanken om mijn droom mee gerealiseerd te hebben. In het volgende hoofdstuk kun je het verhaal erover lezen, van de kracht van mijn intuïtie, die ik op een heel mooie manier van gene zijde heb mogen ontvangen, waarvoor mijn dank aan gene zijde en in het bijzonder mijn oergids Phoenix. ***Tot slot:*** Luc, zorg ervoor dat je jouw droom realiseert, want dat is iets wat je zelf tot stand kunt brengen als je ernaar werkt en ervoor durft te gaan!

Mensen met verschillende creatieve gaven:

De exclusieve metamorfose achter het juweel

De dag dat ik mijn paard Shakira op papier had gekocht, was zij nog een heel klein veulentje. Toen ik haar zag, kreeg ik meteen de ingeving en ook het gevoel dat ik van haar een melktand zou hebben en dat ik er iets exclusiefs mee zou doen. Enkele maanden later, toen ze ongeveer tien maanden oud was, kreeg ik plotseling te zien hoe ik die melktand in een exclusief juweel kon laten verwerken. Het probleem was dat ik helemaal niet goed kan tekenen. Toch probeerde ik het ontwerp te schetsen met de hulp van mijn echtgenoot Marc. Op die manier had ik een hulpmiddeltje, voor later als de tijd er rijp voor was ☺. Ik vertelde blij over die plannen tegen een aantal mensen, die antwoordden dat het helemaal niet gemakkelijk is om zo'n tand spontaan te kunnen bemachtigen. Ondanks dat wat anderen hadden verteld, was ik er honderd procent van overtuigd dat ik toch spontaan een melktand van haar zou kunnen bemachtigen. Ik hoopte stiekem dat ik een voortand van haar zou hebben, omdat ik persoonlijk vind dat die mooier is dan een kies.

Ongeveer twee jaar later, op een dag van consultaties, kreeg ik op een namiddag plots de ingeving dat ik naar de paarden moest gaan kijken, in het bijzonder Shakira. Ik maakte mij eventjes ongerust, maar op dat moment kreeg ik gelukkig onmiddellijk het gevoel dat er niets ernstigs was, maar dat ik zeker moest gaan kijken. Toen ik pauze had, ben ik naar de paarden gegaan om een kijkje te nemen. Op dat moment zag ik precies iets zwarts aan de tanden van Shakira. Ik dacht eerst dat het gekauwd gras was of zoiets. Maar toen ik dichter kwam, zag ik meteen dat haar linkervoortand volledig loshing en dat er een groot grasssprietje tussen zat. Ik kon mijn geluk niet op en dacht: *dat wordt mijne tand en joepie, het is een voortand* ☺! Ik nam Shakira zachtjes vast en bracht haar in een heel diepe vorm van ontspanning, een lichte hypnose. Het heeft niet lang geduurd vooraleer ik die tand in mijn hand vasthad. Hij hing aan een heel klein velletje, want ik moest nog niet eens trekken, alleen maar de tand vastnemen en ik had hem al. *Yeah*, ik was zo blij als een kind dat eindelijk een ijsje krijgt na lang zeuren ☺, ik kon mijn geluk écht niet op en werd er zelfs emotioneel van! Ik dacht heel eventjes: amai zeg, daar heb ik toch lang op moeten wachten! Maar ik heb vertrouwen gehad in mijn intuïtie, de stem van mijn oergids Phoenix, die mij lang geleden al had ingefluisterd dat ik een melktand van Shakira zou kunnen bemachtigen! Ik moest mij haasten om tijdig terug thuis te geraken, waar ik mijn verdere consultaties moest afhandelen.

De tijd was dus eindelijk rijp om Luc te contacteren en een afspraak te maken om Shakira's tand in een exclusief juweel te laten verwerken. Het moeilijkste was dat ik haar tand moest afgeven ☺. Ik had hem nog maar enkele dagen en moest hem al meteen missen, maar als je het resultaat bekijkt van de exclusieve metamorfose achter het juweel, dan was het allemaal écht de moeite waard om het te laten doen!

Naomi's tip:
Luc is een man met letterlijk en figuurlijk goud in zijn handen ☺. Hij heeft inzicht, ideeën en bekijkt ook de praktische

en uitvoerbare kant. Hij heeft mijn ontwerp nog meer tot de *perfectie* gemaakt, rekening houdend met al zijn wijze argumenten. Een hulpmiddeltje, bijvoorbeeld een tekening, is altijd handig om richting te kunnen geven aan wat je wenst!

Mijn droom was om een hoefijzer te laten maken maar niet zomaar eentje, want het geluk, in dit geval Shakira's tand, moest erin kunnen vallen. Als je een hoefijzer hebt, zorg er dan altijd voor dat het geluk erin kan vallen, dat betekent dus met de beentjes omhoog ☺! Luc is aan dit hoefijzer, waarvan de nageltjes plaats hebben gemaakt voor échte diamantjes, in totaal een viertal uur bezig geweest, bekijk de ontwikkeling van dit bijzondere juweel!

Wens je ook een juweel door *Luc Vos* te laten ontwerpen? Neem dan eerst telefonisch contact op via het gsm-nummer +32 (0)475 51 15 04 om verder af te spreken!

De tand van Shakira.

Het enkele plaatje.

Het dubbele plaatje.

Het exclusieve juweel.

De werking van ingestraalde kaartjes

Ingestraalde kaartjes, ook wel energiekaartjes genoemd, hebben altijd een heel positieve werking op lichaam en geest. Ze kunnen worden gebruikt voor zowel mensen als dieren, voor een woning of een zaak, en je kunt er zelfs je flessen water mee instralen. De kaartjes kunnen ook perfect worden gebruikt bij een zwangerschap, bij medicatie en bij het dragen van een pacemaker.

Let wel: de kaartjes vervangen geen medicatie, maar ze kunnen wel een aanvulling zijn. Het gebruik van deze kaartjes kan geen enkele negatieve reactie uitlokken, want ze zijn totaal onschadelijk. Wel kan bij het gebruik van de kaartjes de eerste dagen een lichte reactie optreden, omdat je lichaam en je geest nog moeten wennen aan de massa-energie. Als service worden de kaartjes **ALTIJD** gratis ingestraald!

Wat is de werking van ingestraalde kaartjes?
De kaartjes worden individueel ingestraald met een hoeveelheid massa-energie (door het bundelen van positieve energie) die ik als medium mag ontvangen van gene zijde. Ik hoef niet van tevoren je klachten en/of reden te weten waarvoor je de kaartjes nodig hebt. Alle kaartjes worden op dezelfde manier ingestraald, ongeacht waarvoor ze gebruikt zullen worden. Vanaf het ogenblik dat je een kaartje gebruikt, zal de massa-energie ervan geleidelijk aan in je

lichaam komen. Die energie werkt zowel op lichamelijk als op geestelijk vlak. Ze haalt zoveel mogelijk negatieve zaken uit je lichaam en zorgt op die manier voor een evenwicht tussen jouw lichaam en geest. Dankzij de kaartjes kun je werkelijk beter functioneren. Als de massa-energie voldoende negatieve energie die in jou zat heeft opgeslorpt, zal ze terugkeren naar het kaartje. Dat moet dan door mij persoonlijk ontladen worden en opnieuw voorzien worden van positieve massa-energie.

Mag een ingestraald kaartje dat voor mij al heeft gewerkt ook door iemand anders worden gebruikt?
Nee, dat mag in geen geval! Op het moment dat je een kaartje bijvoorbeeld hebt gebruikt voor een persoon of een woning, dan blijft het kaartje werken voor diezelfde persoon of woning. Wat wel mag, is dat je een kaartje dat je bij jezelf op je lichaam hebt gedragen, later bijvoorbeeld onder een foto van jou legt. Het blijft dan van jezelf, alleen gebruik je het op een andere manier. Dat geldt alleen voor personen en dieren die een persoonlijk kaartje hebben gebruikt en het naderhand op een andere manier voor zichzelf wensen te gebruiken.

Wat gebeurt er als een ingestraald kaartje dat voor mij al heeft gewerkt toch door iemand anders wordt gebruikt?
Dan zal het kaartje nooit meer optimaal kunnen werken en ben je genoodzaakt het weg te gooien. Je moet jezelf dan eventueel van nieuwe kaartjes voorzien.

Enkele specifieke mogelijkheden waarvoor je ze kunt gebruiken:

- hoofdpijn (migraine)	- depressie
- vermoeidheid	- stress
- evenwicht lichaam-geest	- rugklachten
- darmklachten	- pijn in de onderbenen
- slapeloosheid	- snurken
- slaapwandelen	- gedragsstoornissen
- concentratiestoornissen	- hyperkinetisch gedrag
- examens	- vruchtbaarheid
- op afstand helpen	- water instralen
- woning beschermen	- woning zuiveren
- zaak stimuleren	- verkoop stimuleren enz.

Wat is de gebruiksduur van ingestraalde kaartjes?
De gebruiksduur is maximaal eenentwintig dagen, uitgezonderd de kaartjes die door mensen en/of dieren persoonlijk worden gebruikt. Die kunnen al na één, vijf of veertien dagen leeg zijn. Het is de bedoeling dat je de kaartjes blijft gebruiken tot je er eenentwintig dagen mee toekomt. Vanaf dan heb je een evenwicht bereikt tussen lichaam en geest. Uiteraard hoef je ze niet altijd te gebruiken, alleen wanneer je voelt dat je ze nodig hebt of op moeilijke momenten in je leven!

Als je de opgeladen kaartjes niet meteen wenst te gebruiken, bewaar ze dan allemaal samen in een gesloten enveloppe. De maximale werking van eenentwintig dagen blijft gelden, tot op het ogenblik dat je de kaartjes gaat gebruiken. Leg de enveloppe nooit op een plaats waar belangrijke voorwerpen, foto's of betaalfacturen liggen. En al helemaal niet boven op een televisie, een radio, een microgolfoven enzovoort waarin zich een magneet, straling of een luidspreker bevindt.

Hoe kun je merken of ingestraalde kaartjes nog werken of leeg zijn?
Je merkt het (als je het ook nodig hebt), doordat je je stilaan beter begint te voelen. Ook anderen merken dat op, je krijgt er misschien wel complimenten over. Stap voor stap groeit ook je zelfverzekerdheid, je wordt gemotiveerder om verder te gaan en iets te bereiken. Jijzelf moet het innerlijk en/of uiterlijk ook merken, want er is niemand die jou beter kent dan jijzelf. Als je op een gegeven moment niet meer de gewenste resultaten verkrijgt zoals voorheen, dan zijn de kaartjes leeg.

Je kunt ook proberen te voelen of er nog voldoende massa-energie aanwezig is in een bepaald kaartje. Of dat werkt, hangt af van hoe spiritueel je bent aangelegd.
Test voor rechtshandigen: leg je kaartje met de tekening naar boven gericht op je linkerhand. Houd je hand ontspannen en spreid je vingers een beetje. Ga dan met je rechterhand boven je linkerhand op een heel kleine afstand van het kaartje voelen, dit op dezelfde ontspannen manier. Wat je kunt gewaarworden is: warmte, koude, prikkelingen, tintelingen enzovoort. Duidelijke signalen die erop wijzen dat er nog massa-energie aanwezig is in het kaartje. Hoe minder je voelt, hoe meer energie eruit is!
Test voor linkshandigen: doe net hetzelfde, alleen leg je het kaartje op je rechterhand en ga je voelen met je linkerhand.

Hoe vaak kunnen kaartjes ingestraald worden?
De kaartjes worden **ALTIJD** gratis ingestraald zolang als dat mogelijk is. Veel zal afhangen van het feit of het kaartje niet gescheurd is, hoe versleten het is en hoe ermee is omgegaan. Indien het kaartje niet meer ingestraald kan worden, krijgt het een etiket met een vermelding. Dan weet je dat het de

laatste keer is dat het nog gebruikt kan worden, maar daarna moet je het weggooien.

Belangrijk om te weten:
De massa-energie van gene zijde is te vergelijken met een erg sterke batterij die je nodig hebt om iets in werking te stellen. Zo kan alle negatieve energie stap voor stap uit je lichaam gehaald worden. Op die manier zul je naderhand beter functioneren, het evenwicht tussen lichaam en geest is hersteld en je hebt opnieuw veel meer energie.

Wanneer je iets negatiefs (ontladen) wegneemt, moet je er iets positiefs (opladen) tegenover stellen, net zoals yin en yang. Om het beste resultaat te krijgen, is het belangrijk dat je eerst ontlaadt vooraleer je gaat opladen. En dat is precies wat ik met de kaartjes ook doe.

Let wel: ingestraalde kaartjes hebben een heel positieve en ook zuiverende functie, maar het zijn geen wonderkaartjes! Ze kunnen je helpen, maar blijf zelf ook realistisch in je verwachtingen.

Nuttige tips alvorens de kaartjes te gebruiken
- Plaats aan de achterzijde van ieder kaartje een etiketje waarop je iets kunt noteren. Dat is handig om achteraf te weten van wie welk kaartje was en waarvoor het werd gebruikt. Enkele voorbeelden van wat je er zoal op kunt noteren, staan onder ieder onderwerp vermeld.
- Gebruik het kaartje op een manier waar je je zelf het best bij voelt, afhankelijk van de klacht en/of reden.
- Wanneer je op een bepaald moment ergens spontaan pijn zou krijgen, neem je jouw persoonlijke kaartje en houd je dat met de tekening rechtstreeks op je pijnlijke

plek. Je zult merken dat de pijn langzaam begint af te nemen en zelfs volledig kan verdwijnen. Het kaartje kan dan wel ineens helemaal leeg zijn.

- Op het moment dat je lichaam en je geest (yin en yang) in evenwicht zijn, zul je dat merken omdat je er dan even geen behoefte meer aan hebt om de kaartjes bij je te dragen of omdat ze je te veel energie geven om goed te kunnen slapen. In dat geval neem je de kaartjes weg en laat je ze opnieuw gratis instralen. Bewaar ze vervolgens in een gesloten enveloppe en wanneer je ze nodig hebt, liggen ze voor je klaar.

Persoonlijk gebruik bij mensen – gebruiksduur tussen één en eenentwintig dagen

Alle mogelijke klachten en/of redenen die je hebt, kun je beter rechtstreeks aanpakken door een kaartje voor jezelf te gebruiken.

Overdag werken de kaartjes zowel lichamelijk als geestelijk
Draag overdag één tot twee kaartjes bij je, met de tekening naar je lichaam gericht. De kaartjes werken het best op het blote lichaam. Je mag er een klein gaatje in maken met een perforator (niet op de tekening of het drukwerk) om er een touwtje aan te hangen. Of je kunt ze met een speldje bevestigen aan de binnenkant van je hemd of jurk. Eventueel leg je ze in je schoenen, maar dan wel eentje in elke schoen met de tekening naar boven gericht. Vrouwen kunnen de kaartjes in hun beha steken, één in elke cup met de tekening naar je lichaam gericht.

's Nachts mogen de kaartjes niet op je lichaam gedragen worden
Wanneer je gaat slapen, leg je één tot drie kaartjes in je bed. Dat mogen de kaartjes zijn die je overdag hebt gedragen,

tenzij ze in je schoenen hebben gelegen. Of je legt gewoon een tweede set kaartjes in je bed. Drie kaartjes werken uiteraard ook beter dan één in je bed.

Opmerking: 's nachts werken de kaartjes alleen voor de volgende dingen: slecht slapen, snurken, nachtmerries, bedplassen, slaapwandelen en 's morgens vermoeid opstaan.

Hoe plaats je de kaartjes in je bed?

Bij alle kaartjes is de tekening naar boven gericht.

A) het eerste kaartje: onder je kussensloop op je kussen,

B) het tweede kaartje: onder je hoeslaken op je matrasbeschermer of matras, ter hoogte van je zitvlak,

C) het derde kaartje: onder je hoeslaken op je matrasbeschermer of matras, ter hoogte van je voeten.

Noteer op een etiketje: voornaam van de gebruiker + 1 (bij meerdere kaartjes van dezelfde persoon wordt het getal oplopend). Voor in je schoenen: schoen + voornaam + L (links) of R (rechts). Voor in je beha: beha + voornaam + L (links) of R (rechts). Voor in je bed: eerste kaartje voornaam + hoofd, tweede kaartje voornaam + zitvlak, derde kaartje voornaam + voeten.

Aanbevolen gebruik en tip: minimaal drie weken tot maximaal zes maanden. Daarna kun je drie weken stoppen en dan eventueel de cyclus herhalen. Zorg ervoor dat je steeds voldoende kaartjes in reserve hebt. Ze kunnen sneller leeg zijn dan je denkt en telkens als je ze afgeeft om opnieuw te laten instralen, moet je ze ook een tijdje missen. Een tweede setje kan dan een hulp zijn.

Persoonlijk gebruik bij dieren – gebruiksduur tussen één en eenentwintig dagen

Bij alle mogelijke klachten en/of redenen die je dier heeft, kun je kaartjes gebruiken om ze rechtstreeks aan te pakken.

Overdag en 's nachts werken de kaartjes zowel lichamelijk als geestelijk
Wanneer je de mogelijkheid hebt, probeer dan één kaartje aan de halsband van je huisdier te doen met de tekening naar de borstkas van het dier gericht. Leg nog een kaartje onder een mand, dekentje, stoel of elders waar je dier graag gaat liggen. Richt de tekening van het kaartje naar boven (dit kaartje mag je laten liggen).
Belangrijk: wanneer je een kaartje aan de halsband van een dier bevestigt, doe die halsband dan 's avonds voor het slapengaan uit, of haal het kaartje eraf!

Noteer op een etiketje: voornaam van het dier + 1 (bij meerdere kaartjes van hetzelfde dier wordt het getal oplopend). Bij een ligplaats: voornaam van het dier + mand (bijvoorbeeld).

Aanbevolen gebruik en tip: minimaal drie weken tot maximaal zes maanden. Daarna kun je drie weken stoppen en dan eventueel de cyclus herhalen. Zorg ervoor dat je steeds voldoende kaartjes in reserve hebt. Ze kunnen sneller leeg zijn dan je denkt en telkens als je ze afgeeft om opnieuw te laten instralen, moet je ze ook een tijdje missen. Een tweede setje kan dan een hulp zijn.

† Booke in een bijzondere houding, genietend van het kaartje.

Persoonlijk gebruik bij een woning en/of zaak – gebruiksduur eenentwintig dagen

De plaatsen waar je veel tijd doorbrengt, dragen er ook toe bij of je je goed voelt, optimaal functioneert, gemotiveerd bent om te werken en jezelf beschermd voelt. Daarom is het belangrijk om een positief energetisch veld te creëren op de plaatsen die voor jou belangrijk zijn. Dat kan gaan om je huis, maar ook om je zaak, je auto enzovoort.

Overdag en 's nachts werken de kaartjes zowel lichamelijk als geestelijk
Stimulerend en beschermend: leg vier kaartjes op de grond, ongeveer in de hoeken van één ruimte. In de auto leg je maar één kaartje, op het dashboard aan de kant van de bestuurder. Let erop dat de kaartjes altijd met de tekening naar boven gericht liggen.

Opmerking: je legt de kaartjes het best op een plaats waar je meestal zit, waar je werkt of waar je met je gezin vaak bent. Het is niet zo erg dat de kaartjes van plaats zouden verwisselen binnen één ruimte. Ze mogen opvallend liggen of eventueel ergens onder, als ze maar zeker op de grond liggen. Leg ze wel niet zomaar op een plek waar je huisdier zich meestal neerlegt.
Belangrijk: de kaartjes mogen weggenomen worden tijdens het poetsen, maar moeten binnen de dertig minuten teruggelegd worden.

Noteer op een etiketje: 4x woonkamer 1 en/of 4x zaak 1 (bij een dubbel setje verandert het getal in 2). In de auto: auto.

Aanbevolen gebruik en tip: minimaal drie weken tot maximaal zes maanden. Daarna kun je drie weken stoppen en dan eventueel de cyclus herhalen. Zorg ervoor dat je steeds voldoende kaartjes in reserve hebt. Ze kunnen sneller leeg zijn dan je denkt en telkens als je ze afgeeft om opnieuw te laten instralen, moet je ze ook een tijdje missen. Een tweede setje kan dan een hulp zijn.

Persoonlijk gebruik voor een woning getroffen door zwarte magie – gebruiksduur eenentwintig dagen

Het ergste wat je kan overkomen, is dat je getroffen wordt door zwarte magie! Plots maak je allerlei negatieve ervaringen mee zonder dat je ze kunt plaatsen. Voorbeelden daarvan zijn: dure toestellen die plots stukgaan, ramen en deuren die spontaan opengaan, radio en televisie die vanzelf aanspringen, lichten die beginnen te flikkeren, dingen die verdwijnen en plots toch opduiken op een plek waar je al eerder had gekeken, bloemen en planten die sneller sterven, mensen of dieren die wegblijven, problemen op gezondheidsvlak terwijl dokters niets kunnen vinden enzovoort.

Overdag en 's nachts werken de kaartjes zowel lichamelijk als geestelijk

Zuivering van je huis: je legt drie keer vier kaartjes op de grond, ongeveer in de hoeken van drie verschillende ruimtes van je huis met de tekening naar boven gericht. Kies de slaapkamer, de woonkamer en een plaats naar keuze. Er liggen dan twaalf kaartjes in je huis.

Opmerking: het is belangrijk dat je de kaartjes legt waar je angstig bent of iets negatiefs hebt meegemaakt. De kaartjes van één ruimte mogen door elkaar geraken, maar je mag de kaartjes van de verschillende ruimtes niet met elkaar verwisselen. Ze mogen ook opvallend liggen, maar dat hoeft niet. Je kunt ze ergens onder leggen, als ze maar niet op de plek liggen waar je huisdier zich graag nestelt.

Belangrijk: de kaartjes mogen weggenomen worden tijdens het poetsen, maar moeten binnen de dertig minuten teruggelegd worden.

Noteer op een etiketje: 4x woonkamer 1 en 4x slaapkamer 1 + 4x 'een kamer naar keuze' 1 (bij een dubbel setje verandert het getal in 2).

Aanbevolen gebruik en tip: gebruik de kaartjes minimaal één jaar en maximaal anderhalf jaar. Stop nooit op eigen initiatief, indien gewenst kun je bij mij altijd een consultatie aanvragen om te kijken of je huis al volledig zuiver is. Om sneller verlost te geraken van het kwaad, kun je hier het best wel een dubbel setje nemen. In totaal heb je dus vierentwintig kaartjes nodig, waarvan er steeds twaalf in gebruik zijn. De kaartjes moeten om de drie weken opgestuurd worden voor een nieuwe, gratis instraling. Je kunt dan je tweede setje gebruiken tot dat weer ingestraald moet worden enzovoort.

Persoonlijk gebruik voor het instralen van water – gebruiksduur eenentwintig dagen

Ingestraald water zorgt voor een dieptezuivering van je lichaam en je geest, en is goed voor zowel mens als dier. Het heeft nog meer effect wanneer je het drinkt als je de kaartjes ook persoonlijk gebruikt. Ingestraald water kan zowel inwendig als uitwendig gebruikt worden.
Opmerking: gebruik enkel natuurlijk bronwater uit flessen of kraanwater dat je in gesloten flessen doet. Het ingestraalde water verliest zijn werking als het lange tijd wordt blootgesteld aan lucht.

Hoe zorg je ervoor dat je water is ingestraald?
Leg een kaartje op het werkblad van de keuken met de tekening naar boven gericht. Boven op het kaartje plaats je een fles water (iedere fles water moet er vierentwintig uur op staan alvorens ze ingestraald is). Indien je veel water verbruikt, kun je beter werken met twee kaartjes en twee flessen en een doorschuifsysteem invoeren. De eerste fles is opgeladen terwijl de tweede fles aan het opladen is.
Opmerking: het water lijkt iets dikker te zijn wanneer het is ingestraald.
Belangrijk: wanneer je goed oplet, klinkt dit water anders dan gewoonlijk wanneer je een glas inschenkt of je gelaat ermee besprenkelt. De druppels lijken meer tegengehouden te worden.

Het ingestraalde water werkt zowel lichamelijk als geestelijk
Inwendig gebruik: voor een goed effect drink je 's ochtends op je nuchtere maag één groot glas ingestraald water en 's avonds doe je hetzelfde. Moet je 's nachts te veel plassen, dan drink je 's avonds een half glas. De beste resultaten krijg

je wanneer je drie tot vier keer per dag één groot glas ingestraald water drinkt. Plaats na het inschenken de fles steeds terug op het kaartje.
Dieren: geef het dier een aantal keer per dag kleine hoeveelheden ingestraald drinkwater. Het ingestraalde water verliest zijn kracht als het in de drinkbak van het dier blijft staan.

Uitwendig gebruik: ingestraald water kun je op twee manieren gebruiken: met verbanden of in een spuitbusje.
- Verbanden: bevochtig enkele verbanden met ingestraald water en houd die enkele minuten op de plek van je klacht. Dat kun je bijvoorbeeld doen bij hoofdpijn (migraine), psoriasis, eczeem, weeroog enzovoort.
- Spuitbusje: doe een klein beetje ingestraald water in een spuitbusje en besprenkel de plek van je klacht. Dat kun je bijvoorbeeld doen bij hoofdpijn (migraine), psoriasis, eczeem, weeroog enzovoort. Het besprenkelde oppervlak mag je naderhand niet droogdeppen, het moet op natuurlijke wijze opdrogen.

Belangrijk: gooi de gebruikte verbanden en het overgebleven water in het spuitbusje iedere keer weg.

Noteer op een etiketje: water 1 en/of water 2 (bij meerdere kaartjes voor het water wordt het getal oplopend).

Aanbevolen gebruik en tip: minimaal zeven dagen en zolang je de behoefte voelt. Zorg ervoor dat je een dubbel setje hebt, zodat je het tweede kunt gebruiken wanneer je het eerste opstuurt voor een nieuwe, gratis instraling.

Op afstand gebruiken voor mensen, dieren of een persoonlijk succes – gebruiksduur eenentwintig dagen

Wanneer een persoon of dier door omstandigheden geen kaartje bij zich kan dragen, kun je helpen van op afstand. Je gebruikt daarbij zowel het kaartje als een foto van die persoon of dat dier. Het is ook mogelijk om bijvoorbeeld de verkoop te stimuleren van een woning, een zaak, een auto enzovoort.
Belangrijk: op de foto staat alleen de persoon of het dier dat je wilt helpen en de ogen moeten duidelijk zichtbaar zijn! De foto van datgene wat je bijvoorbeeld wenst te verkopen, moet zo recent mogelijk zijn.

Overdag en 's nachts werken de kaartjes zowel lichamelijk als geestelijk
Leg één kaartje op bijvoorbeeld een buffetkast met de tekening naar boven gericht. Plaats boven op het kaartje een foto van een persoon of dier, of van datgene wat je wenst te verkopen (ook met de foto naar boven gericht).
Belangrijk: je kunt de werking van het kaartje nog meer stimuleren (voor extra moeilijke momenten en bijvoorbeeld voor een verkoop) door drie theelichtjes (zonder extra geur) op een kleine afstand rond de foto te plaatsen. Je zet de kaarsjes neer in de vorm van een driehoek, namelijk één boven het hoofd, één links van de foto en één rechts. Elke dag opnieuw plaats je drie nieuwe kaarsjes, die je iedere keer ongeveer rond eenzelfde moment van de dag aansteekt. Bijvoorbeeld telkens in de voormiddag, namiddag óf avond.

Opmerking: het is mogelijk dat een foto plots begint te veranderen van kleur of van vorm of dat je er allerlei dingen op begint te zien die er eerst niet waren. Er zijn ook twee manieren waarop een foto kan krullen.

De eerste manier: een foto die naar boven krult, is alvast een positieve reactie. De mogelijke betekenissen hiervan zijn: men heeft je hulp nodig, je hulp wordt aanvaard, men wil meevechten om uit een negatieve spiraal te geraken enzovoort. Ook bij het nastreven van persoonlijk succes (bijvoorbeeld een verkoop): het ziet er goed uit, je geduld wordt beloond enzovoort.
De tweede manier: een foto die naar beneden krult, is eigenlijk een negatieve reactie. De mogelijke betekenissen hiervan zijn: men wil niet geholpen worden, je moet die persoon of dat dier loslaten, men wil geen inzicht krijgen, je bent op het verkeerde spoor enzovoort. Ook bij het nastreven van persoonlijk succes (bijvoorbeeld een verkoop): je bent onrealistisch, je bent niet eerlijk enzovoort.
Belangrijk: bij die negatieve reacties kun je het best je hulp van op afstand stopzetten (het is mogelijk dat de tijd er nog niet rijp voor is). Ook bij het nastreven van persoonlijk succes (bijvoorbeeld een verkoop): het kan zijn dat het nog niet het moment is óf dat je het heel anders moet aanpakken!

Noteer op een etiketje: foto + voornaam van de persoon of het dier 1 (bij meerdere kaartjes van dezelfde persoon of dier wordt het getal oplopend). Voor een verkoop: de naam van datgene wat je wenst te verkopen of te bereiken.

Aanbevolen gebruik en tip: minimaal zeven dagen tot je resultaat krijgt. Zorg ervoor dat je een dubbel setje hebt, zodat je het tweede kunt gebruiken wanneer je het eerste opstuurt voor een nieuwe, gratis instraling.

Verzendingskosten voor het opsturen en ontvangen van de kaartjes zijn volledig voor jezelf. Het aantal kaartjes dat je bestelt, heeft geen belang, of dat nu voor België of Europa is. De postzegels hebben een nummer en dat nummer is hetzelfde voor België als voor de rest van Europa.

Genormaliseerd in België (maximaal 5 mm dik)
Zegel nummer 1 (maximaal 10 kaartjes)

N*iet-genormaliseerd*
Zegel nummer 2 (maximaal 25 kaartjes)
Zegel nummer 3 (maximaal 100 kaartjes)

Voorwaarden om de kaartjes GRATIS opnieuw te laten instralen

1. Maak de ingestraalde kaartjes even schoon als de eerste keer (vuile kaartjes worden weggegooid).
2. Neem twee identieke stevige enveloppen en voorzie ze van voldoende postzegels.
3. Noteer op de eerste enveloppe alleen je persoonlijk adres, stop daarin de kaartjes die je opnieuw wilt laten instralen en ***kleef deze enveloppe niet dicht***.
4. Noteer op de tweede enveloppe mijn adres (zie onder 'Activiteiten van Naomi Apachi'), stop daarin de eerste enveloppe en ***kleef deze enveloppe goed dicht***.
5. Verzenden (nooit aangetekend) en enkele weken geduld hebben alvorens je ze terug thuis gestuurd krijgt.

Belangrijk

Voor een verzending buiten België maar nog wel in Europa, mag er op de enveloppe die aan jezelf gericht is geen zegel gekleefd worden. Belgische zegels kun je eventueel via ons verkrijgen. Meer info over **verzending:** www.naomiapachi.com

Extra kaartjes bestellen
Ingestraalde kaartjes kunnen worden besteld per setje van vijf stuks voor 10 euro. Meer info om te **bestellen:** www.naomiapachi.com

Ingestraalde kaartjes zijn ook steeds verkrijgbaar op iedere beurs waar ik demonstraties, workshops en/of lezingen geef. Eveneens op plaatsen waar ik privélezingen geef. Deze kun je dan ook altijd bij mij bekomen.

Activiteiten van Naomi Apachi

In de praktijk begeleid ik zowel mensen als dieren! Hierbij combineer ik de gaven die op dat moment nodig zijn. Dat kan gaan om helderzien, heldervoelen, helderhoren, helderproeven en helderruiken.

Consultaties en vip enkel in privépraktijk:

- Waarnemingen over de toekomst
- Boodschappen van overledenen
- Communiceren met dieren
- Vip (verkorte boekingstijd)

Er wordt steeds met foto's en/of voorwerpen gewerkt!
(mogelijke duurtijd van consultaties: 25 of 50 minuten)

Mogelijke begeleidingssessies:

- Gesprekstherapie
- Aura-analyse en chakrabehandeling
- Acupressuur
- Magnetiseren (handoplegging)
- Hypnose (angsten of verslavingen)
- Regressie (voorgaande levens)
- Cursus Zesde Zintuig Ontwikkeling
  (13 lessen én diploma)

Verkoop van kaartjes en producten:

- Ingestraalde kaartjes (gratis opnieuw instralen)
- Kruidenflesjes
- Verzorgingsproducten

(Begeleidings)sessies op verplaatsing:

- Demonstraties, workshops en/of lezingen op beurzen
- Privélezingen (verschillende uitgebreide onderwerpen)
- Business Coaching
- Stervensbegeleiding
- Huiszuivering (zielen naar gene zijde begeleiden)

Persoonlijke gegevens:

Naomi Apachi
De Wagenmaker 9
B-2980 Zoersel
info@naomiapachi.com
www.naomiapachi.com

Consultaties te boeken en info bij Marc (echtgenoot): Telefonisch van ma t/m do telkens vanaf 13.30 uur tot 21.00 uur. Tel. +32 (0)3 309 17 23 // Gsm +32 (0)475 25 93 93.

Een knipoog van waardering

*** Krachtige zielen die mij niet onberoerd laten ***

Schoemeke (mijn echtgenoot Marc), om de moderne man te zijn met wie ik veel geluk heb in mijn leven! Ik vind het ongelooflijk hoe wij als team kunnen samenwerken. Ik hoop dat als de tijd er rijp voor is, wij met een lekker glaasje zoete witte wijn kunnen klinken op onze nieuwe plaats, waar we met onze labrador Sloefke en paarden Shakira, Lachica en Ochy allemaal samen kunnen wonen ☺!

Franske (mijn spirituele vader), voor al je onvoorwaardelijke steun alsook je energetische behandelingen, want je hebt werkelijk magische handen ☺! Ik heb een belangrijk verzoek aan jou: wil jij alsjeblieft met mij terug naar Lourdes gaan, op voorwaarde dat ik de reis betaal? Al jaren droom ik ervan om met jou terug te kunnen gaan, dit als bedanking voor alles wat je al voor mij hebt gedaan in jouw leven!

Make (ons mama), ik kan je niet genoeg zeggen hoeveel ik echt van je hou en hoeveel jij werkelijk voor mij betekent! Ik zou in mijn leven alles doen voor jou, ik zou zelfs een goede man uitzoeken, maar ik vrees dat ik je daar niet echt blij mee zal maken ☺. Daarom wens ik jou al het goede toe wat je voor jezelf wenst make, SMAK!

Bo (mijn petekindje), je kunt je niet voorstellen hoe gelukkig ik met jou ben in mijn leven! Jij bent mijn stoere engeltje, mijn Bambike zoals ik jou noem. Je bent een heel bijzonder meisje met heel veel kwaliteiten dat al goed weet wat ze wil! Je sterke en sportieve karaktertje zal je nog ver brengen in je leven. Ik kijk er dan ook al naar uit om samen met jou op mijn paard Shakira te zitten ☺!

Phoenix (mijn oergids, een Apache-indiaan), dank je wel voor al de steun die ik van jou al heb mogen ontvangen! Het was niet altijd even gemakkelijk om met alle informatie om te gaan. Ik vind de manier waarop je mij duidelijk hebt gemaakt dat je mee op de cover van dit boek wilde staan trouwens grappig ☺. Zo zie je maar dat ik toch goed naar jou luister, hé Phoenix!

Geert (mijn uitgever), om een belangrijke schakel te zijn die het vertrouwen in mij als mens en medium heeft om dit alles mogelijk te maken! Ik had eerlijk gezegd nooit gedacht dat jij mij ooit zou kunnen besmetten met de schrijfmicrobe ☺. Wie weet volgen er nog enkele boeken in de toekomst!

De weg naar je innerlijke ik

*** Het leven is als een redevoering,
niet de lengte maar de inhoud is belangrijk
WANT kwaliteit gaat boven kwantiteit ***

Onderschat jouw innerlijke krachten niet, want je bent sterker dan je zelf beseft. Geef nooit de hoop op in je leven, al zie je in de verte maar een heel klein lichtpuntje, het is beter *iets* dan *niets*! Ga ook op zoek naar *the power behind the scenes*, de kracht die schuilt achter die intuïtie. Het is jouw oergids die altijd aan je zijde staat, welke richting je ook verkiest. Verleg al jouw grenzen en geef jezelf de nodige tijd om een positieve metamorfose te kunnen ondergaan!

Laat niets aan het toeval over, want toevalligheden hebben namelijk altijd een betekenis. Tracht ook alle zuurstof in je leven op de juiste manier te gebruiken, want het leven is werkelijk kostbaar. Wees standvastig en gemotiveerd, zodat je jouw dromen kunt waarmaken!

De kracht van je intuïtie is als een wonderlijke ontdekkingsreis! Zorg ervoor dat je trots op jezelf kunt zijn, durf je tranen te laten vloeien van verdriet **MAAR** ook van diep innerlijk geluk! Herpak je na iedere teleurstelling, laat nooit je hoofd hangen, voor niemand én door niemand!

Héél véél liefde, licht én kracht,

Naomi Apachi

Met Phoenix, mijn oergids.

ADVIESGEVEND MEDIUM

Ingestraald

Naomi Apachi

GSM 0475 25 93 93

www.naomiapachi.be

Dit energiekaartje is nog niet ingestraald,
maar je kunt het opsturen om het GRATIS te laten instralen!
Meer informatie over de verzending staat op bladzijde 268-269,
gelieve de lijm van dit energiekaartje volledig te verwijderen!